一个人只有在独处时才能成为自己。

谁要是不爱独处，那他就不爱自由，

因为一个人只有在独处时才是真正自由的。

平庸的人喜好与人交往，喜欢迁就别人。

这是因为他们忍受别人

要比忍受他们自己来得更加容易。

一定的忧愁、痛苦或烦恼，对每个人都是必需的。

一艘船如果没有压舱物，便不会稳定，

不能朝着目的地一直前进。

一个人学会独处的时候，

就能真正找到人生的真谛，

也就能真正地成为自己。

我们的生活样式，就像一幅油画，

从近看，看不出所以然来，

要欣赏它的美，就非站远一点不可。

独生态
孤人常
是

〔德〕阿图尔·叔本华/著

丁伟/译

民主与建设出版社

·北京·

© 民主与建设出版社，2023

图书在版编目（CIP）数据

孤独是人生常态 /（德）阿图尔·叔本华著；丁伟
译 . -- 北京：民主与建设出版社，2023.7
ISBN 978-7-5139-4300-0

Ⅰ . ①孤… Ⅱ . ①阿… ②丁… Ⅲ . ①叔本华
（Schopenhauer，Arthur 1788-1860）- 哲学思想 Ⅳ .
① B516.41

中国国家版本馆 CIP 数据核字（2023）第 137456 号

孤独是人生常态
GUDU SHI RENSHENG CHANGTAI

著　　者	［德］阿图尔·叔本华
译　　者	丁　伟
责任编辑	郎培培
内文插图	志志超
封面设计	紫图图书 ZITO®
出版发行	民主与建设出版社有限责任公司
电　　话	（010）59417747　59419778
社　　址	北京市海淀区西三环中路 10 号望海楼 E 座 7 层
邮　　编	100142
印　　刷	艺堂印刷（天津）有限公司
版　　次	2023 年 7 月第 1 版
印　　次	2023 年 10 月第 1 次印刷
开　　本	880 毫米 ×1230 毫米　　1/32
印　　张	9
字　　数	162 千字
书　　号	ISBN 978-7-5139-4300-0
定　　价	55.00 元

注：如有印、装质量问题，请与出版社联系。

叔本华的孤独人生

当叔本华被问及他希望被埋在哪里时，他回答说："任何地方都可以，他们会找到我的。"他在法兰克福的墓碑上只刻着"阿图尔·叔本华"，甚至没有他的出生或死亡日期。悲观主义者叔本华有一个足够乐观的信念，即他向世界发出的信息最终会被倾听。这个信念在他一生的失望中，在他最珍视赞赏的地方被忽视的过程中从未失败；这个信念在他死前几年才显示出一些合理的迹象。叔本华不是机会主义者；他甚至不是和解主义者；他从不犹豫地宣布他对自己、对原则、对哲学的信仰；他不要求别人听他说话是出于礼貌，而是作为一种权利—— 一种他要为之奋斗、为之战斗的权利，而且在时间的长河中，可以承认，他已经被承认了。

尽管叔本华所写的一切或多或少都是为了支持他的主要哲学论题，即他的统一的哲学原则而写的，但本书中的文章即使不是完全与之无关，至少也具有足够的独立性，使它们能够因为自身的优点而被考虑，而与他的主要思想没有关系。如果我们把它们分开的话（它们的作者几乎不允许这样做），我们就会感觉到，我们进入了一个批评领域，其中的观点几乎没有什么不同。就他的哲学而言，这种一致是不存在的；他是哲学家中被骂得最厉害的人之一；他已经被多次解释和谴责，毫无疑问，这还将被多次重复。他的基本哲学原理的趋势是什么，他对世界形而上学的解释，几乎在以下所有的文章中都有说明，但主要是在"爱的形而上学"中，读者可以参考一下。

这些文章是一个对生活有广泛经验的人对生活的宝贵批评，他是一个见过世面的人，拥有一种几乎是灵感的观察能力。叔本华，在所有的人中，明确无误地在第一时间观察生活。他的话语中没有学术上的回声；他不是一个学院派的人，他的声音没有正式的音调，它是深沉的、饱满的，以个人强调的所有凄美的方式响起，没有虚张声势，但有坚定不移的信念。在他的时代，在他的国家，他是一个精通文学形式的人；但他只是把它作为一种手段。尽管他的句子有时很复杂，但他说了很多尖锐的、精彩的、附庸风雅的东西，他有著名散文家的风范，他自相矛盾（他的很多自相矛盾的东西现在都成了真理）；人们有时会觉得自己几乎是在听莫里哀的创作，但这些烟花不仅仅是文学的展示，它们被用来照亮他认为是真理的东西。他说："没有什么比真实更美好；真实才是有目的的；他是一个刻意而勤奋地追求真理的人，总是努力达到事物的核心，达到对第一原理的认识。"这位心理学上的活体解剖学家试图将人类的思想骨架暴露无遗，撕掉所有迷人的小情绪和虚伪，而这些情绪和虚伪已在时间的流逝中成为人类生活的一部分，这也不乏一种残酷的幽默。一个受这种动机影响的人，如果拥有坦率而尖刻的舌头，就不可能获得大量的民众支持，也不可能被视为一种可敬的人。社会生活的结构中交织着许多微妙的回避、小的虚伪，还有一些小的情感问题；如果不是这样，社会交往就不可能了。

对于一个聪明到总是说出自己想法的人来说，没有任何一种社会存在是可能的，而且，总的来说，人们可以庆幸没有这种存在。一个人自然有足够的对象来形成批判性的诊断和暴露；一个人选择生活中令人满意的伪君子作为自己的朋友，他们为自己维持着自己希望的生活的幻觉。仅仅是对一个直言不讳的世界的设想，就会使人达到绝望的最终程度；这是对不可容忍的设想。然而，时不时地有一个简单的演讲者，一场"三月盛宴"，对人类是有好处的；一个为我们设计了一个幻觉的景象的巫师，让我们在一瞬间看到他诚实设想的事物，而不是我们想让它们变成的那样。但在估计这种教训的价值时，我们不能走得太远，不能完全相信。我们可以首先考虑到教师的气质；我们可以问，他的眼光是否完美？我们可以根据自己的情况，沉浸在琐碎的诊断中。在这样的检查中，我们发现叔本华即使不是完全成功的，也能很好地经受住考验。我们注意到，他也许有一点儿遗传性疾病，因为我们知道，他的家族有明显的疑病症倾向，例如，我们知道，他的祖母在生命的最后阶段几乎成了疯子，她的两个孩子患有某种精神障碍，第三个孩子，即叔本华的父亲，是个脾气古怪的人，可能自己结束了自己的生命。在这种考虑中，他自己也会重视这样一个事实，正如他所说的，他的母亲在结婚时是为了个人的利益，而不是无意识地履行物种的意愿，因此，结合的后代受到了影响。尽管如此，考虑到所有这些事情，并把它们的重要性附加到它们可能值得的地方，人们对他的视野的清晰性，对他有力的、有时是微妙的感知力感到惊讶。如果他没有看到生活的全部，那么他所看到的是他自己的眼睛，然后以准确无误的真实性告诉我们所有的事情，而且在大多数情况下是简单的、出色的。对这种亲眼所见的品质不能过于重视；它是一个伟大的原创性思想的印记；它是人们称之为天才的主要品质。

　　拥有叔本华，世界就拥有了一种更丰富的人格；可能是一种有点喋喋不休的人格；一种奇怪的异想天开和敏感的人格，充满了相当普通的迷信和奢侈的虚荣，自私，有时暴力，很少慷慨；

一个在他一生中没有人知道的人、一个孤立的生物，自我陶醉，只关心他对世界的解释，并拥有在大多数情况下逃避他的伙伴们感知的微妙之处；同时是一个隐士和一个游手好闲者。他本身气质极佳，他的整个生活是一种思想的生活、一种智力的生活。他的作品，他一生的成果，似乎经得起所有伟大作品的考验——时间的考验。令人好奇的是，一个在他自己的时代很少被意识到的人，一个很少被人爱戴的人，现在却从他的书页中向我们讲述一些个人言论的力量，仿佛他真的和我们在一起，仿佛我们认识他，甚至像我们认识查尔斯·拉姆和伊扎克·沃尔顿这些不同类型的人物一样。我们认识的这个人并没有给我们留下不好的印象；如果他没有魅力，他肯定是非常有趣和有吸引力的；他的知识信念是如此强烈，他是如此不受知识的影响，他是如此真诚的利己主义者、如此天真无邪的人；他是如此无情地诚实和独立，而且，有时（人们可以认为）是如此错误的。

本书是叔本华经典散文作品的精选合集。叔本华在论述文学形式和方法时，其观点也具有特殊价值。除了他的哲学主张之外，他还被公认为一位伟大的作家。事实上，他是德国可以引以为豪的少数真正优秀的散文作家中最出色的一位。叔本华本人在声誉问题上的痛苦经历使他对本书主题的论述充满了趣味，尽管要求他以冷静的精神对待人性是过分的。

写给每个孤独的行路人

CONTENTS

幸福的真相

幸福存在于自身之内，而非自身之外。

就整个人生来说，

幸福最基本的要素无疑就在于人的构成和人的内在素质。

因为内心的快乐抑或是痛苦，

首先是个人的感情、意欲和思想的产物，

而环境只是间接地对人生产生影响。

亚里士多德将生命的祝福分为三类——那些从外部来到我们身边的、那些灵魂的和那些身体的。除了数字之外，我观察到，人类命运的基本差异可以归结为三个不同的等级。

（1）人是什么：也就是说，在最广泛的意义上的人格，其中包括健康、力量、美丽、气质、道德品质、智力和教育。

（2）一个人所拥有的：各种财产和拥有的东西。

（3）一个人在别人心目中的地位：众所周知，这应理解为一个人在他的同胞眼中是什么，或者更严格地说，他们对他的看法。这一点也体现在别人对他的评价，而他们的看法又是由他所享有的荣誉，以及他的等级和声誉所显示的。

第一部分的差异是大自然在人与人之间设置的差异；仅从这一事实我们就可以立即推断出，它们对人类的幸福或不幸的影响要比下面两个标题下的差异更为重要和根本，后者只是人类安排的结果。与真正的个人优势，如伟大的思想或伟大的心灵相比，所有等级或出身的特权，甚至是皇室出身的特权，对于现实生活中的国王来说，不过是舞台上的国王。很久以前，伊壁鸠鲁最早的弟子迈特罗多鲁斯也说过同样的话，他在他的一个章节的标题中写道：我们从自己身上得到的幸福要比我们从周围环境中得到的幸福更大。一个明显的事实是，一个人幸福的主要因素——事实上，在他存在的整个基调中——是他的构成，他的内在结构，这是不容置疑的。因为这是由他的感觉、欲望和思想的总和所产生的内在满足或不满足的直接来源；而另一方面，他周围的环境对他只产生了中间或间接的影响。这就是为什么同样的外部事件或环境对两个人的影响不尽相同；即使周围环境完全相似，每个人也生活在自己的世界里。因为人只对自己的想法、感觉和意志有直接的认识；外部世界对他的影响只在于它把这些东西带到生活中。一个人生活的世界的印象主要是通过他看待它的方式来形成的，所以它对不同的人来说是不同的：对一个人来说，它是贫瘠、枯燥和肤浅的；对另一个人来说，它是丰富、有趣和充满意义的。当听到一个人的经历中发生的有趣事件时，许多人会希望在他们的生活中也发生类似的事情，完全忘记了他们应该羡慕的是，当他描述这些事件时，使这些事件具有的意义的精神能力；对一个天才来说，这些事件是有趣的冒险；但对一个普通人的沉闷感知来说，这些事件只是陈旧的、日常发生的事情。歌德和拜伦的许多诗都是这种情况，它们显然是建立在真实的事件基础上的；在这种情况下，愚蠢的读者会因为诗人身上发生了这么多令人愉快的事情而羡慕他，而不是羡慕他那种能够把相当普通的经历变成如此伟大和美丽的幻觉的强大力量。

同样地，一个性情忧郁的人眼中的一个悲剧场景，在血气方刚的人看来，只是一个有趣的冲突，而在迟钝的人看来，则是没有任何意义的东西。所有这些都是基于这样一个事实，即每一个事件，为了实现和欣赏，需要两个因素的合作，即一个主体和一个客体，尽管这些因素就像水中的氧气和氢气一样紧密和必然相连。因此，当一个经验中的客观或外部因素实际上是相同的，但主观或个人对它的欣赏不同时，在不同人的眼中，这个事件就像客观因素不相同一样；因为对一个迟钝的人来说，世界上最美丽和最好的物体只呈现出一个糟糕的现实，因此，只能被可怜地欣赏，就像在沉闷天气中的美丽风景，或是一个糟糕照相机遮光板的反射。通俗地说，每个人都被压抑在自己的意识范围内，无法直接超越这些限制，就像他无法超越自己的皮肤一样；所以外部援助对他来说没有什么用处。在舞台上，一个人是王子，另一个人是部长，第三个人是仆人、士兵或将军，诸如此类，只是外在的差异；内在的现实是，所有这些表象的内核都是一样的—— 一个可怜的演员，有他命运的所有焦虑。在生活中也是如此。等级和财富的不同使每个人都有自己的角色，但这绝不意味着内在幸福和快乐的不同；在这里，所有人都有相同的存在—— 一个可怜的凡人，有他的艰辛和烦恼。尽管在每一种情况下，这些都可能来自不同的原因，但它们的本质在所有形式上都是相同的，其强度无疑是不同的，但绝不是与一个人必须扮演的角色，或是否有地位和财富相一致。既然对一个人来说，存在或发生的一切都只存在于他的意识中，并且只为他的意识而发生，那么对一个人来说，最重要的事情就是这个意识的构成，在大多数情况下，这个意识比形成其内容的环境重要得多。与塞万提斯在悲惨的监狱里写下的《堂吉诃德》的想象力相比，世界上所有的骄傲和快乐，在一个傻瓜沉闷的意识中都显得很可怜。生活和现实的客观部分掌握在命运手中，因此在不同的情况下有不同的形式：主观部分是我们自己，而且在本质上始终保持不变。

因此，每个人的生活都带有相同的特征，无论他的外部环境如何变化；这就像一个主题的一系列变化。没有人能够超越自己的个性。一只动物，无论在什么情况下，都会保持在自然界赋予它的狭窄范围内；因此，我们使宠物快乐的努力必须始终保持在其本性的范围内，并限制在它能感受到的范围内。人也是如此；他所能达到的幸福程度是由他的个性事先决定的。尤其是精神力量的情况，它一劳永逸地确定了他获得更高类型快乐的能力。如果这些能力很小，那么任何来自外部的努力，他的同伴或命运给予他的任何帮助，都不足以使他超过人类幸福和快乐的普通程度，尽管它是半动物性的；他唯一的资源是他的感官欲望，最多就是舒适和愉快的家庭生活、低级的公司和庸俗的消遣；即使是教育，总的来说，对扩大他的视野也没有什么帮助。因为最高的、最多样的、最持久的快乐是心灵的快乐，无论我们的年轻人在这一点上如何欺骗我们；而心灵的快乐主要取决于心灵的力量。那么，很明显，我们的幸福在很大程度上取决于我们是什么，取决于我们的个性，而命运通常只意味着我们拥有什么，或者我们的名声。从这个意义上说，我们的命运可能会改善；但如果我们内心富有，我们就不会对它要求太多；另一方面，一个傻瓜到最后一刻仍然是一个傻瓜，一个呆板的笨蛋，即使他身边有天堂里的小时工。

> 人民和仆人以及征服者，
> 他们承认，在任何时候，
> 大地之子的最大幸福，
> 都源于个性。

一切都证实了这样一个事实：对于我们的幸福和快乐来说，生活中的主观因素比客观因素重要得多，从饥饿是最好的酱料、青年和老年不能共处这样的说法，直到天才和圣人的生活。健康超过了所有其他的祝福，以至于人们真的可以说，一个健康的乞丐比一个生病的国王更快乐。宁静而开朗的性情，在享受完全健全的体魄时的快乐，清晰、活泼、有洞察力并能看到事物的本质，适度而温和的意志，因而有良好的良心——这些都是任何等级或财富都无法弥补或取代的特权。因为一个人本身是什么，当他独处时伴随着他的是什么，没有人能给予或拿走的是什么，对他来说显然比他拥有的一切财产，甚至在世人眼中他可能是什么更重要。一个完全孤独的知识分子在他自己的思想和幻想中可以得到很好的娱乐，而无论怎样的多样性或社会乐趣、剧院、远足和娱乐，都无法抵御一个呆子的无聊。一个好的、有节制的、温和的人可以在贫困的环境中获得幸福，而一个贪婪的、嫉妒的、恶意的人，即使他是世界上最富有的人，也会变得很悲惨。更有甚者，对于一个拥有特殊个性、高度智力的人来说，人类所追求的大多数快乐都是多余的，它们甚至是一种麻烦和负担。因此，贺拉斯说他自己，不管有多少人被剥夺了生活的乐趣，至少有一个人可以在没有它们的情况下生活：

宝石，大理石，象牙，伊特鲁里亚的小雕像，画作，

白银器皿，用盖图里亚染料染的紫色长袍，

有人没有，有人不想拥有。

　　当苏格拉底看到各种奢侈品被摊开出售时，他感叹道："世界上有多少东西是我不想要的。"

　　因此，我们人生幸福的第一个也是最重要的因素就是我们自己，也就是我们的人格，如果没有其他原因的话，它是一个在所有情况下都会发挥作用的恒定因素；此外，与其他两个标题下描述的祝福不同，它不是命运的造化，不能从我们身上被夺走；而且，到目前为止，它被赋予了绝对的价值，而其他两个只是相对价值。这样做的结果是，要想从外部控制一个人，比人们通常认为的要难得多。但在这里，全能的代理人——时间，进来并要求它的权利，而在它的影响面前，身体和精神的优势逐渐消失了。只有道德品质对它来说是不可触及的。考虑到时间的破坏性影响，似乎其他两个标题下的祝福（时间不能直接剥夺我们）比第一个标题下的祝福更优越。它们还有一个优点，那就是它们的本质是客观的和外在的，它们是可以实现的，每个人至少都有可能拥有它们；而主观的东西不是我们可以获得的，而是通过一种神圣的权利进入的，它一生都是不可改变的、不可剥夺的，是不可抗拒的厄运。让我引用歌德描述它们的那些句子：每个人在出生时就被赋予了不可改变的命运，所以他只能按照星星的结合为他规定的路线发展；西比尔和先知们宣布，人永远无法逃脱，任何时间的力量也无法改变他生命中的道路：

就像把你交给世界的那一天一样。

太阳站在那里迎接行星的到来。

你是否立即茁壮成长？

照着你起初订立的法则。

所以你必须这样，你不能逃避。

西比尔和先知们也都见过。

任何时间，任何力量，都无法将其切割成碎片，

那是生命和成长。

我们唯一有能力做到的，就是尽可能地利用我们所拥有的个人品质，因此，只从事能使它们发挥作用的事业，努力追求它们所允许的那种完美境界，避免其他任何东西；因此，要选择最适合它们发展的职位、职业和生活方式。

想象一下，一个被赋予了巨大力量的人，由于环境所迫，不得不从事静止的职业，例如一些细微精致的手部工作，或者从事需要相当其他力量的学习和脑力劳动，而且是那些他没有的力量，也就是说，被迫不使用他最强大的力量；一个像这样的人，一辈子都不会感到幸福。更加悲惨的是，一个拥有高度智力的人，却不得不让他们的智力得不到发展，并且在追求一个不需要智力的工作中失业，也许是一些体力不足的身体劳动。不过，在

这种情况下，我们应该注意，特别是在青年时期，要避免妄自菲薄，不要把不存在的多余的力量归于自己。

　　由于第一个标题下所描述的祝福明显多于其他两个标题下所包含的祝福，显然，以保持我们的健康和培养我们的能力为目标，比积累财富更明智；但这绝不能被误解为我们应该忽视获得足够生活必需品的供应。严格意义上的财富，即巨大的财富，对我们的幸福没有什么作用；许多富人感到不幸福，只是因为他们没有任何真正的精神文化或知识，因此没有客观的兴趣，使他们有资格从事智力方面的职业。因为除了满足一些真实和自然的需要之外，拥有财富所能达到的一切对我们的幸福影响非常小，当然是在幸福这个词的正确意义上；事实上，财富反而会扰乱它，因为对财产的保护带来了许多不可避免的焦虑。人们仍然千方百计地想变得富有，而不是想获得文化，尽管可以肯定的是，一个人是什么比他拥有什么对他的幸福贡献更大。因此，你可能会看到许多人像蚂蚁一样勤奋，从早到晚不停地忙着努力增加他的黄金堆。在达到这一目的的狭小范围内，他什么都不知道；他的头脑是一片空白，因此无法感受到任何其他影响。最高的快乐，那些智力的快乐，对他来说是不可触及的，他徒劳地试图用他所沉溺的短暂的感官快乐来取代它们，而这些快乐只能持续短短的一小时，并要付出巨大的代价。如果他是幸运的，他的斗争的结果是他有一个真正的巨大的黄金堆，他离开后，他的继承人，要么将其发扬光大，要么在奢侈中败光家底。像这样的生活，虽然带着一种认真的态度和重要的气息去追求，但就像许多浑浑噩噩的其他生活一样，是愚蠢的。

所以，一个人本身所拥有的东西就是他幸福的主要因素。因为这通常是非常少的，所以那些被置于与贫穷斗争之外的人，大多数都和那些仍在与贫穷斗争的人一样感到不快乐。他们的思想空虚，想象力迟钝，精神贫乏，因此他们被迫与那些像他们一样的人为伍，在那里，他们共同追求消遣和娱乐，其中大部分是感官上的快乐，各种娱乐，最后是过度和放荡。一个富裕家庭的年轻人带着一大笔财产进入生活，往往在极短的时间内就花光了，而且是恶性挥霍。为什么？原因很简单，因为在生活中，他的思想是空虚的，所以这个人对存在感到厌烦。他被派到这个世界上，外表富有，但内心贫穷，他徒劳地努力用他的外部财富弥补他内心的贫穷，试图从外部获得一切，就像一个老人试图加强自己，就像大卫国王或雷克斯元帅试图做的那样。结果，一个内在贫穷的人最终也会变成外在的贫穷。

我不需要强调构成人类生活幸福的其他两种祝福的重要性；如今，拥有这些祝福的价值已经众所周知，不需要再做广告。诚然，与第二类相比，第三类似乎是非常虚无缥缈的，因为它只包括其他人的意见。但每个人都必须努力争取声誉，也就是说，争取一个好名声。另一方面，只有那些为国家服务的人才能追求等级，而只有极少数人能追求名声。在任何情况下，声誉都被视为无价之宝，而名声则是一个人所能获得的所有祝福中最珍贵的，就像选民的金羊毛一样：只有傻瓜才会宁愿选择等级而不是财产。此外，第二类和第三类是互为因果的；到目前为止，正如佩特罗尼乌斯的格言——"你有，你会有"——是真实的；反之，他人的青睐，以各种形式，往往使我们得到我们想要的东西。

孤独是人生常态

愚人的生活比死亡还要糟糕。

我们可以发现：

大致而言，一个人对与人交往的爱好程度，

跟他的智力的平庸及思想的贫乏成正比。

人们在这个世界上要么选择独处，要么选择庸俗，

除此以外再没有更多别的选择了。

　　自给自足，对自己无所不包，一无所求，能够说"我的世界我做主"——无疑是幸福的主要特征。因此，亚里士多德的评论"幸福意味着自我满足"，这句话不能经常重复。归根结底，这与尚福尔那句话中的思想是一致的，这句话说得非常好："幸福不是一种选择：它很难在我们身上找到，也不可能在其他地方找到。"

　　因为，虽然一个人除了自己，不能确定地算计任何人，但与他人打交道所产生的负担和不利因素、危险和烦恼，不仅是无数的，而且是不可避免的。

　　没有比世俗、狂欢、奢侈生活更错误地通向幸福的道路了：因为它的全部目标是把我们悲惨的存在变成一连串的欢乐、喜悦和快乐——这个过程不可能不导致失望和错觉；在这方面，与它必须伴随的谎言交锋是一样的 [1]。

----

[1] 正如我们的身体被我们穿的衣服所掩盖，我们的思想也被谎言所掩盖。这层面纱始终存在，只有通过它，我们有时才能猜出一个人的真实想法，就像我们从他的衣服得出他身体的大致形状。

　　所有的社会都必然涉及，作为其存在的第一个条件，其成员之间相互包容和约束。这意味着社会越大，它的基调就越平淡。一个人只有在孤独时才能成为自己；如果他不喜欢孤独，他就不会喜欢自由；因为只有当他孤独时，他才是真正自由的。在社会中，约束总是存在的，就像一个无法摆脱的伙伴；与一个人个性的伟大程度成正比，他将很难忍受所有与他人交往所要求的牺牲。孤独将受到欢迎、忍受或避免，这取决于一个人的个人价值是大是小：当独处时，可怜虫会感到他痛苦的全部负担；伟大的智者为其伟大而高兴；总之，每个人都是他的本色。

　　此外，如果一个人在自然界的名单上站得很高，他感到孤独是自然和不可避免的。如果他周围的环境不干扰这种感觉，这对他将是有利的；因为如果他不得不看到大量与自己性格不同的人，他们会对他产生干扰，不利于他的心灵平静；事实上，他们会夺走他自己，而且不会给他的损失带来任何补偿。

　　但是，虽然大自然在道德和智力方面为人与人之间设定了非常大的差异，但社会却无视并抹杀了这些差异；或者说，它为这些差异设定了人为的差异——等级和地位的分级，而这些分级往往与大自然设定的差异截然相反。这种安排的结果是抬高了那些被大自然置于低位的人，而压低了少数站在高位的人。因此，后者通常会退出社会，一旦社会人数众多，庸俗就会成为最高统治者。

在社会中冒犯一个伟大智者的是权利的平等，这导致每个人都享有平等的自负；而同时，能力的不平等意味着相应的社会权利的不平等。所谓的好社会承认每一种要求，但智力的要求除外，因为智力是违禁品；人们被期望对各种形式的愚昧和愚蠢、反常和迟钝表现出无限的耐心；而个人的优点必须乞求原谅，因为它是存在的，或者完全隐藏自己。智力上的优势因其存在而受到冒犯，而没有任何欲望。

所谓良好的社会，最糟糕的不仅是它为我们提供了那些既不能赢得我们的赞美，也不能赢得我们喜爱的人的陪伴，而且它不允许我们成为我们自然的样子；它迫使我们为了和谐而萎缩，甚至完全改变我们的形状。知识分子的谈话，无论是严肃的还是幽默的，都只适合于知识分子的社会；它对普通人来说是彻头彻尾被厌恶的，为了取悦他们，绝对有必要表现得平凡和沉闷。这就要求我们进行严格的自我否定，我们必须放弃四分之三的自我，以便变得像其他人一样。毫无疑问，他们的陪伴可以抵消我们在这方面的损失；但一个人的价值越高，他就越会发现，他所得到的并不能弥补他所失去的，余额在账户的借方；因为与他打交道的人一般都是破产的，也就是说，从他们的社会中没有任何东西可以补偿其无聊、烦扰和不愉快，或者补偿它所带来的自我否定。因此，大多数社会都是这样构成的，以便为任何愿意用它来交换孤独的人提供良好的收益。

这也不是全部。为了替代真正的——我指的是智力上的优越感，而这种优越感是很少见的，即使找到了也不能容忍，社会任性地采用了一种虚假的优越感，其特征是传统的，建立在武断的原则之上——一种传统，就像在高层圈子里流传的那样，而且像密码一样，可以改变；我指的是礼仪时尚。每当这种优越感与真正的优越感发生碰撞时，其弱点就会显现出来。此外，良好语气的存在意味着良好意识的缺失。

除了他自己，没有人能够与其他任何人完全一致，甚至与他的朋友或生活伙伴也是如此；个性和气质的差异总是带来某种程度的不和谐，尽管它可能是非常轻微的。那种真正的、深刻的心灵平静，那种完美的灵魂宁静，仅次于健康，是地球所能给予的最高祝福，只有在孤独中才能达到，而且，作为一种永久的情绪，只有在完全的退休中才能达到；然后，如果这个人自己有什么伟大和丰富的东西，他的生活方式就是在这个可悲的世界上可以找到的最幸福的。

让我直说吧。无论友谊、爱情、婚姻的纽带有多紧密，一个人最终都只关注自己，只关注自己的福利；最多，也只关注自己孩子的福利。你越是没有必要与一般人接触，无论是商业关系还是个人亲密关系，你就越好。孤独和寂寞确实有其害处；但如果你不能一下子感觉到它们，你至少可以看到它们在哪里；另一方面，社会在这方面是阴险的；因为在为你提供看似愉快的社会交往的消遣时，它造成了巨大的，往往是不可弥补的伤害。年轻人应该尽早接受训练，以忍受孤独；因为这是幸福和心灵平静的源泉。

由此可见，如果一个人依靠自己的资源，并能对自己无所不包，那么他就会过得最好；西塞罗甚至说，处于这种状态的人不会不快乐——没有人比完全适合自己、把万物都放在自己身上的人更有福了。一个人拥有的越多，别人对他来说就会越少。自给自足的感觉！正是这种感觉限制了那些个人价值本身就是巨大财富的人，使他们不愿意做出与世界交往所要求的相当大的牺牲，更不用说，让他们不顾一切地去寻求自我否定，从而真正实践自我否定。普通人善于交际和抱怨，只是出于相反的感觉；对他们来说，忍受别人的陪伴比忍受自己的陪伴更容易。此外，这个世界，对有真正功绩的人不给予尊重；对没有功绩的人则予以保留。因此，退休既是一种证明，也是因拥有功德品质而出众的结果。因此，任何一个对自己有价值的人都会显示出真正的智慧，在必要时限制自己的要求，以保持或扩大自己的自由，而且——既然一个人必须与他的同伴发生一些关系——尽可能少地允许他们与自己亲近。

我曾说过，人们因其忍受孤独的能力而变得善于交际，也就是说，他们有自己的社会。他们变得厌恶自己。正是这种灵魂的空虚促使他们与他人交往——到外国去旅行。他们的思想缺乏弹性；它没有自己的运动，所以他们试图给它一些，例如通过喝酒。仅仅由于这个原因，就有多少醉酒的人！[1] 他们总是在寻找某种形式的活动。他们总是在寻找某种形式的刺激，这种刺激是他们所能承受的最强烈的刺激——和与自己性质相同的人在一起的刺激；如果他们在这方面失败了，他们的思想就会因自己的重量而沉沦，他们就会陷入痛苦的昏睡中。一个人，在这个词的完整意义上，一个卓越的人，并不代表一小部分，而是一个完整的数字：他本身是完整的。

在这方面，普通社会非常像由俄罗斯喇叭组成的管弦乐队所

---

[1] 众所周知的事实是，我们更容易忍受落在我们自己之外的许多人身上的邪恶。由于无聊似乎是这种邪恶，所以人们联合起来，共同抵抗。对生命的热爱从根本上说只是对死亡的恐惧；同样，社会冲动并不直接依赖于对社会的热爱，而是依赖于对孤独的恐惧；人们寻求的不仅仅是与他人为伴的魅力，他们要避免的是孤独的沉闷压抑——他们自己意识中的单调。他们会做任何事情来逃避它，甚至容忍坏伙伴，并忍受所有社会所涉及的约束感，在这种情况下，这是一种非常沉重的约束。但是，如果对这种社会的厌恶战胜了对独处的厌恶，他们就会习惯于独处，并对其直接影响变得坚硬。他们不再觉得孤独是一件非常糟糕的事情，并且舒适地安顿下来，不再对社会有任何渴望；这部分是因为他们只是间接地需要别人的陪伴，部分是因为他们已经习惯于独处的好处了。

产生的那种音乐。每个喇叭只有一个音符；而音乐是由每个音符在正确时刻出现而产生的。在单个喇叭的单调声音中，你可以准确地说明大多数人的思维效果。那里似乎常常只有一个想法，而没有任何其他的空间。这就很容易理解为什么人们如此无聊；也很容易理解为什么他们善于交际，为什么他们喜欢在人群中走动——为什么人类如此好客。正是他自己本性的单调，使人觉得孤独难以忍受。所有的愚蠢都源于自我厌恶；愚蠢确实是自己的负担。把许多人放在一起，你可能会得到一些结果——从你的号角中得到一些音乐！

一个有智慧的人就像一个艺术家，在没有任何其他人帮助的情况下举办音乐会，用单一的乐器——比如说钢琴，其本身就是一个小管弦乐队。这样的人本身就是一个小世界；各种乐器共同产生的效果，由他在自己意识的统一中单枪匹马地产生。像钢琴一样，他在交响乐中没有地位：他是一个独奏者，独自表演，可能是在孤独中；或者，如果与其他乐器一起表演，只作为主奏；或者像唱歌一样，用于定音。然而，那些喜欢社交的人可以从这个比喻中获益，并把它作为一条普遍的规则，即我们遇到的人的缺陷可以在某种程度上通过数量的增加得以弥补。如果一个人很聪明的话，一个人的陪伴可能就足够了；但如果你只和普通人打交道，最好是有很多人，这样让他们一起工作就会有一些好处——就像喇叭一样；愿上天赐予你耐心完成你的任务！

我所提到的精神上的空虚和灵魂上的贫瘠，是另一种不幸的原因。当较好阶层的人为了促进某种崇高或理想的目标而组成一个社会时，其结果几乎总是无数的人类暴徒也挤进来，就像在任何地方一样，像害虫一样——他们的目的是试图摆脱无聊，或他们本性中的其他缺陷；任何能达到这个目的的东西，他们都会立即抓住，没有丝毫的区别。他们中的一些人会溜进这个社会，或者把自己推进去，然后要么很快就把它完全毁掉，要么把它改变得如此之大，以至于最后它的目的与它最初的目的完全相反。

这并不是唯一可以看待社会冲动的观点。在寒冷的日子里，人们设法通过挤在一起获得一些温暖；你也可以通过同样的方式使你的思想与他人接触来温暖你的思想。但是，一个人如果本身有大量的智力温暖，就不需要这种资源。我曾写过一个小寓言来说明这一点：温暖可以在其他地方找到。作为一条一般规则，可以说一个人的社交能力与他的智力价值几乎成反比：说"某某"非常不善于社交，几乎等于说他是一个能力很强的人。

孤独对这样的人有双重好处。首先，它允许他与自己在一起；其次，它防止他与他人在一起——这是一个非常重要的优势，因为在与世界的所有交往中，有很多约束、烦恼，甚至是危险。拉布吕耶尔说，我们所有的错误都来自不能单独存在。交际确实是一件非常危险的事情，不，是一件致命的事情；因为它意味着与大多数人的天性接触，而这些天性在道德上是坏的，在智力上是迟钝或变态的。不善于交际就是不关心这些人；而自己有足够的能力免除与他们为伴的必要性是一种巨大的幸运；因为我们几乎所有的痛苦都来自与其他人打交道；而这破坏了心灵的平静，正如我所说的，在幸福的要素中，这是继健康之后排在第二位的。没有相当数量的孤独，就不可能有心灵的平静。犬儒主义者放弃了所有的私有财产，以获得没有任何麻烦的幸福；以同样的目标放弃社会是一个人所能做的最明智的事情。贝尔纳丹·德·圣皮埃尔有一句非常出色和中肯的话：在食物方面节约是一种健康的手段；在社会方面，则是一种安宁的手段——爱慕者的饮食使我们的身体健康，而男人的饮食则使我们的心灵安宁。很快就能与孤独友好相处，甚至亲近，就像赢得一座金矿；但这并不是每个人都能做到的。社会交往的主要原因是相互需要；而一旦这种需要得到满足，无聊就会促使人们再次走到一起。如果不是因为这两个原因，一个人可能会选择保持孤独；如果只是因为孤独是生活的唯一条件，可以充分发挥每个人在他自己眼中的那种独特的重要性的感觉——好像他是世界上唯一的人！这种感觉，在现实生活的拥挤和压力下，很快就会萎缩到什么都没有，每一步都会得到痛苦的矢口否认。从这个角度来看，可以说孤独是人的原始和自然状态，在那里，像另一个亚当一样，它是他的天性所允许的快乐。

但是，亚当没有父亲或母亲吗？在另一种意义上，孤独不是自然状态；因为，当一个人进入世界时，他发现自己与父母、兄弟、姐妹在一起，也就是说，自己在社会中，而不是孤独的。因此，不能说喜欢独处是人性的一个原始特征，只能说是经验和思考的结果，而这些又取决于智力的发展，并随着时间的推移而增加。

一般来说，社交能力与年龄成反比。一个小孩子如果被单独留下几分钟，就会发出可怜的惊叫声；以后，把自己关起来就是一种极大的惩罚。年轻人很快就会彼此友好相处；只有他们中少数心智高尚的人，才会时不时地乐于独处；但如果整天都是这样，就会令人不快了。一个成年人很容易做到这一点；对他来说，经常独处没有什么麻烦，而且随着年龄的增长，他的麻烦越来越少。一个已经超过所有朋友的老人，对生活的乐趣无动于衷或已经死亡，处于孤独中是他应有的状态；在个别情况下，退休和隐居的特殊倾向总是与智力能力成正比。

因为正如我所说的，这种倾向不是一种纯粹的自然倾向；它不是作为人性的直接需要而出现的；而是受我们所经历的经验的影响，是对我们的真正需要进行反思的产物；更重要的是，我们能够洞察到大多数人的劣根性，无论是道德还是智力。最糟糕的是，在个人身上，道德和智力的缺陷是紧密联系在一起的，并且相互影响，因此会产生各种令人不快的结果，这使得与大多数人的交往不仅令人不快，而且令人无法忍受。因此，尽管世界上有许多彻底的坏东西，但其中最坏的东西是社会。即使是伏尔泰，那个善于交际的法国人，也不得不承认，到处都是不值得交谈的人群："地球上有很多不值得交谈的人。"彼特拉克也给出了一个类似的理由，希望独处——那温柔的精神！他对隐居的热爱是如此强烈和持久。他说，溪流、平原和森林都很清楚，他是如何努力躲避那些错过了通往天堂之路的不正当的和愚蠢的人的：

我想我一直都是孤独地生活

（岸边的人知道，乡村和森林的人也知道）

躲避这些歪曲和阴暗的智慧

在天堂迷失方向的人

他在他那本令人愉快的书《论孤独的生活》中追求同样的风格，这本书似乎给了齐默尔曼关于孤独的著名作品的想法。尚福尔在下面这段话中用他的讽刺语气暗示了爱隐居的次要和间接特征。他是这样说的：一个独自生活的人，他不喜欢社会。这往往就像我们对一个人说他不喜欢散步一样，其前提是他没有自愿在礼仪的森林里散步。

你会发现波斯诗人萨迪在他的《玫瑰园》中表达了类似的情感。他说，从那时起，我们就离开了社会，选择了隐居的道路；因为孤独中包含着安全。安吉鲁斯·西里修斯，一位非常温和的基督教作家，用他自己的神话语言承认了同样的感觉。他说，希律王是共同的敌人；当上帝像约瑟夫一样警告我们有危险时，我们就从世界上飞向孤独，从伯利恒飞向埃及；否则就会有痛苦和死亡等着我们。

希律是敌人；约瑟夫的头脑，

上帝在梦中（在精神上）向他表明了危险；

世界是伯利恒，埃及是孤独，诅咒我的灵魂！

逃跑，否则你会死于悲伤。

乔尔丹诺·布鲁诺也宣称自己是隐居的朋友。他说，很多人，在地球上想尝尝神圣的生活，都是用一种声音说出来的，"ecce elongavi fugiens et mansi in solitudine"——那些在这个世界上想尝尝神圣生活的人，总是用一种声音宣称：

看啊，我将远走他乡。

我愿意住在旷野。

在我已经引用过的作品中，萨迪说他自己：由于对大马士革的朋友们感到厌恶，我退到了耶路撒冷附近的沙漠里，去寻找野外的野兽。简而言之，所有普罗米修斯用更好的泥土塑造出来的人都说过同样的话。他们与那些唯一的共同点恰恰是他们自己本性中最低级、最不高贵的部分——他们中平凡、琐碎和庸俗的部分——的人在一起，能找到什么乐趣？他们为什么要和那些不能上升到更高层次的人在一起，而对他们来说，除了把别人拖到他们的层次之外，什么都没有了？因为这就是他们的目的。这是一种贵族的感觉，是这种隐居和独处倾向的根源。

流氓总是善于交际——这更令人遗憾！而一个人性格中是否有任何高尚的标志，就是他在别人的陪伴中所获得的一点儿乐趣。他越来越喜欢孤独，而且随着时间的推移，他发现，除了少数例外，这个世界除了孤独和粗俗之外，没有其他选择。这听起来可能是件难事；但即使是安吉鲁斯·西里修斯，带着他所有基督教的温柔和爱的感情，也不得不承认其中的真理。他说，无论孤独多么痛苦，都要注意不要庸俗；因为那样的话，你可能会发现到处都是沙漠：

孤独是必要的：只是不要刻薄。

你可以在一个世界里看到所有的东西。

对于伟大的思想家——人类真正的教师来说，他自然不会在意别人的不断陪伴；就像校长不会在意加入他周围一群喧闹男孩的赌博一样。这些伟大人物的使命是引导人类越过错误的海洋，走向真理的天堂——把人类从野蛮的、庸俗的黑暗深渊中引向文化和精致的光芒。具有伟大智慧的人生活在这个世界上，但并不真正属于这个世界；因此，从很小的时候起，他们就感觉到自己与其他人之间存在着可察觉的差异。但是，随着岁月的流逝，他们才逐渐清楚地认识到自己的地位。他们在知识上的孤立，又因生活方式上的实际孤立而得到加强；他们不让任何在某种程度上没有从普遍的庸俗中解放出来的人接近。

从上面所说的可以看出，对孤独的热爱并不是人类本性中直接的、原始的冲动，而是次要的、逐渐发展的东西。它是更高尚的心灵的更突出的特征，它的发展离不开对自然欲望的征服，有时甚至与梅菲斯特的提示实际对立。梅菲斯特要求你用沉闷的、破坏灵魂的孤独来换取人与人之间的生活，换取社会；他说，即使是最糟糕的，也会给人一种交心的感觉。

停止玩弄你的悲伤，

它就像一只秃鹰，吞噬着你的生命：

即使你跟下等的人们来往，

也会感到并没有离群。

孤独是所有伟大思想家的命运，这种命运有时令人痛惜，但仍然总是两害相权取其轻。随着年岁的增长，人们总是更容易说："敢于做个聪明人。"60岁以后，独处的倾向逐渐成为一种真正的、自然的本能；因为在这个年龄段，所有的东西都有利于它的发展。最强烈的冲动——对女性社会的热爱——几乎没有作用；正是老年的无性状态奠定了某种自给自足的基础，并逐渐吸收了所有对他人陪伴的渴望。一千种幻想和愚蠢被克服了；在大多数情况下，生命的活跃期已经过去；一个人不再有期望、计划或意图。他所属的那一代人已经逝去，一个新的种族已经出现，它把他看作是在其活动范围之外的。随着年龄的增长，岁月流逝得越来越快，我们想把剩余的时间投入智力而不是生活的实际方面。因为，只要头脑还能保持其能力，我们所获得的知识和经验的数量，加上我们在使用我们的能力方面获得的便利，使我们比以往任何时候都更容易和更有兴趣去研究任何课题。一千件以前被蒙在鼓里的事情变得清晰起来，得到的结果是给人一种克服困难的感觉。根据对人的长期经验，我们不再对他们抱有太大的期望；我们发现，总的来说，人们并没有因为近距离的了解而有所收获；除了少数罕见的幸运例外，我们遇到的都是有缺陷的人性标本，最好是让它们安然无恙。我们不再受制于生活中的普通幻觉；而且在个别情况下，我们很快就会看到一个人是由什么组成的，我们很少感到有任何倾向要与他建立更密切的关系。最后，与世隔绝——我们自己的社会——已经成为一种习惯，就像我们的第二天性一样，特别是如果我们从年轻时就与社会保持友好关系的话。以前只有在牺牲我们对社会渴望的情况下才放纵的对孤独的热爱，现在已经成为我们自然性情的简单品质——我们生命中特有的元素，就像水对鱼一样。这就是为什么任何拥有独特个性的人——与他人不同，因此必然是孤立的——会觉得随着年龄的增长，他的地位不再像年轻时那样令人感到负担。

因为，事实上，只有当一个人拥有一定的智力时，才能享受到这种真正的老年特权；在有真正精神力量的地方，它最能得到赞赏；但在某种程度上，每个人都能享受到。只有那些性质非常贫瘠和粗俗的人，在晚年才会像年轻时一样善于交际。但是，在他们不再适合的社会中，他们会变得很麻烦，最多只能被容忍；而在以前，他们是很受欢迎的。

年龄与社交能力之间的这种反比还有另一个方面——它促

进了教育。人越年轻，在各方面需要学习的东西就越多；正是在青年时期，大自然提供了一个相互教育的系统，因此，在生命的那个时期，仅仅是与他人交往就带有教育的意味。从这个角度来看，人类社会类似于贝尔和兰开斯特系统的一个巨大的学习学院，反对通过书本和学校的教育系统，因为它是人为的，违背了自然的制度。因此，一个人在年轻的时候，应该在大自然本身提供的学习场所成为一个非常勤奋的学生，这是一个非常合适的安排。

但是，生活中没有什么东西是没有缺点的——正如贺拉斯所说，没什么事物是全然美好的；或者，用印度的一句谚语来说，没有无梗的莲花。隐居有如此多的好处，也有它的小烦恼和小缺点，但与社会上的烦恼和缺点相比，这些烦恼和缺点是很小的；因此，任何一个对自己有价值的人，没有其他人比和自己在一起更容易相处。但是，在隐居的缺点中，有一个缺点不像其他缺点那么容易被看到。这就是：当人们整天待在室内时，他们的身体会对大气的变化非常敏感，以至于每一个小小的气流都足以使他们生病；我们的脾气也是如此，长期的隐居生活使它变得如此敏感，以至于最微不足道的事件、语言，甚至眼神都足以使我们感到不安或烦恼，这些小事是那些生活在动荡生活中的人所没有注意的。

当你发现人类社会令人不快，并觉得自己有理由飞向孤独时，你可能会被塑造成无法长时间忍受孤独的压抑，如果你还年轻，可能就是这种情况。那么，我建议你养成把你的一些孤独带入社会的习惯，学会在某种程度上独处，即使你在公司；不要马上说出你的想法，另一方面，不要对别人的话附加太精确的意义；相反，不要对他们有太多的期望，无论是道德上还是智力上，并加强自己对他们的意见漠不关心的感觉，这是始终实行值得称赞的宽容的最可靠方法。如果你这样做了，你就不会那么多地与其他人生活在一起，尽管你可能看起来在他们中间活动：你与他们的关系将是一种纯粹的客观性质。[1] 在这方面，社会就像一把火，聪明的人要与它保持适当的距离，不要靠得太近，就像傻瓜一样，一旦被烤焦了，就会跑开，在孤独中发抖，大声抱怨火在燃烧。

---

[1] 在莫拉蒂的戏剧《咖啡馆或新喜剧》中，这种受限制的，或者说是根深蒂固的交际方式得到了戏剧性的诠释。这部戏剧非常值得一读，尤其是在第一幕的第二场和第三场中，由剧中人物之一唐－佩德罗演绎的部分。

世界的苦难

人生如一座两端分别是痛苦和无聊的钟摆，

在人们追逐欲望的旅途中充满了荆棘和苦痛，

在满足欲望后又会陷入深深的无聊之中，

继而给自己寻求到一个新的欲望，

从而再度陷入无聊和痛苦的轮回之中。

除非痛苦是生命最接近和最直接的目标，否则我们的存在必然完全失去其目的。如果把世界上随处可见的大量痛苦，以及源于生活本身不可分割的需求和必需品的痛苦，看成是完全没有目的的，仅仅是偶然的结果，那是荒谬的。每一个单独的不幸，当它到来的时候，毫无疑问，似乎是一些特殊的事情；但一般来说，不幸是规则。

我不知道有什么比大多数哲学体系宣称邪恶的性质是消极的更荒谬的了。邪恶正是积极的东西；它让人感觉到自己的存在。莱布尼茨特别关注为这一荒谬辩护；他试图通过使用一个明显的和苍白的诡辩来加强他的立场。[1] 这是好的，是消极的；换句话

---

[1] 莱布尼茨认为，恶是一种消极的品质——即善的缺失；它的积极和看似积极的特性是其性质的附带而非本质的一部分。他说，冷只是没有热的力量，而冰水膨胀的积极力量是偶然的，不是冷的本质的一部分。事实是，冰水的膨胀力实际上是其分子间排斥力的增加；叔本华称这整个论证为诡辩，是非常正确的。

说，幸福和满足总是意味着一些愿望的实现，以及一些痛苦的状态的结束。

这就解释了这样一个事实：我们通常发现快乐并不像我们预期的那么愉快，而痛苦则非常痛苦。

有人说，这个世界上的快乐超过了痛苦；或者，无论如何，两者之间是平衡的。如果读者想尽快了解这种说法是否属实，那就让他比较一下，当一种动物正在吃另一种动物时，两种动物各自的感受。

在任何形式的不幸或苦难中，最好的安慰是想到其他比自己处境更糟糕的人；这是每一个人都可以得到的一种安慰。但是，这对整个人类来说，则意味着多么可怕的命运啊！

我们就像田野里的羔羊，在屠夫的注视下自娱自乐，屠夫先挑出一只，再挑出另一只作为他的猎物。因此，在我们的好日子里，我们都没有意识到命运目前可能为我们准备的邪恶——疾病、贫穷、残废、失明或丧失理智。

存在的痛苦有一点在于，时间不断地压迫着我们，不让我们喘息，却总是追着我们，就像一个带着鞭子的训导员。如果在任何时候，时间停止了他的手，那也只是当我们被送到无聊的痛苦中。

但是，不幸也有它的用处；因为，如果大气层的压力被消除，我们的身体就会破裂，所以，如果人的生活被解除了所有的需要、困难和逆境，如果他们手中的一切都成功了，他们就会因傲慢而膨胀。尽管他们可能不会破裂，但他们会呈现出肆无忌惮的愚蠢景象——不，他们会疯掉。我还可以说，每个人在任何时候都需要一定程度的小心、痛苦或麻烦。一艘没有压舱物的船是不稳定的，不会直行。

可以肯定的是，工作、烦恼、劳动和麻烦，几乎构成了所有男人一生的命运。但是，如果所有的愿望一出现就能得到满足，人们将如何度过他们的生活？他们将如何对待他们的时间？如果世界是一个奢侈和安逸的天堂、一个流淌着牛奶和蜂蜜的土地，每个人都能立即毫无困难地获得他的吉尔，那么人们要么会无聊地死去，要么会上吊自杀；或者会有战争、屠杀和谋杀；因此，最终人类给自己带来的痛苦会比它现在从大自然手中接受的更多。

在青年时期，当我们思考我们即将到来的生活时，我们就像剧院里大幕拉开前的孩子，兴致勃勃地坐在那里，急切地等待着戏剧的开始。我们不知道到底会发生什么，这是一种幸福。如果我们能预见到，有些时候，孩子们可能会像无辜的囚犯一样，被判处死刑，而不是被判处无期徒刑，而且还没有意识到他们的判决意味着什么。然而，每个人都希望达到老年；换句话说，可以说是一种生活状态。"今天很糟糕，明天会更糟糕；如此下去，直到最糟糕的时候。"

如果你尽量想象一下，太阳在其运行过程中所照耀的各种苦难、痛苦和折磨的数量，你就会承认，如果在地球上和在月球上一样，太阳能够唤起生命的现象，就会好得多；而且，如果这里和那里一样，表面都仍然处于晶体状态。

同样，你可能会把生活看成是一个无益的插曲，扰乱了不存在的幸福平静。而且，在任何情况下，即使事情对你来说还算顺利，你活得越久，你就越清楚地感觉到，总的来说，生活是一种失望，不，是一种欺骗。

如果两个在年轻时是朋友的人在年老时再次相遇，在分离了一生之后，他们看到对方时的主要感觉将是对整个生活的完全失望；因为他们的思想将被带回到早些时候，当生活在黎明的玫瑰色光芒中铺展在他们面前时，一切显得如此公平，承诺如此之多，然后履行如此之少。这种感觉将完全凌驾于其他一切之上，以至于他们甚至认为没有必要把它说出来；但在任何一方，它都会被默默地接受，并构成他们要谈论的一切的基础工作。

一个人经历了几代变迁，就像在集市上坐在魔术师的摊位上，连续见证了两次或三次的表演。这些把戏只想让人看一次；当它们不再是一种新奇的东西，不再具有欺骗性时，它们的效果就消失了。

虽然没有人对自己的命运感到羡慕，但有无数人的命运是值得惋惜的。

生活是一项需要完成的任务，所以说得以安息是一件好事；它意味着这个人已经完成了他的任务。

如果仅仅通过纯粹的理性行为把孩子带到这个世界上，人类还会继续存在吗？难道一个人不愿意对即将到来的一代有如此多的同情，以免除他们的生存负担吗？或者至少不把这种负担冷酷地强加给他们。

我想，有人会告诉我，我的哲学是令人不舒服的——因为我说的是真话；而人们更愿意确信，主所造的一切都很好。那就去找牧师吧，让哲学家们安安静静地待着吧！无论如何，不要要求我们将我们的教义与你们所学的课程相适应。这就是那些无赖的假哲学家要为你做的事。向他们索取任何你想要的学说，你都会得到。你们的大学教授必然会宣扬乐观主义；而打乱他们的理论是一件简单和令人满意的事情。

我已经提醒过读者，每一种福利状态，每一种满足感，在性质上都是消极的；也就是说，它包括摆脱痛苦，这是存在的积极因素。因此，任何特定生活的幸福不是由它的快乐和愉悦来衡量的，而是由它摆脱痛苦——摆脱积极邪恶的程度来衡量的。如果这是真实的观点，低等动物似乎比人类享有更幸福的命运。让我们更仔细地研究一下这个问题。

无论人类对幸福和痛苦可能采取怎样的形式，导致一个人寻求一个，避开另一个，这一切的物质基础是身体上的快乐或身体上的痛苦。这个基础是非常有限的：它只是健康、食物、免受潮湿和寒冷的保护、性本能的满足；或者没有这些东西。因此，就真正的身体快乐而言，人并不比畜生好，除非他神经系统的更高可能性使他对各种快乐更敏感，但必须记住，也对各种痛苦更敏感。但是，与畜生相比，在他身上激起的激情是多么强烈！在他的情感的深度和强度方面有多么不可估量的差异！——然而，在一种情况下和在另一种情况下，最终都会产生同样的结果，即健康、食物、衣服，等等。

所有这些激情的主要来源是对不存在的和未来东西的思考，对人来说，这种思考对他的一切行为产生了如此强大的影响。这就是他的忧虑、他的希望、他的恐惧的真正来源——这些情绪对他的影响要比畜生局限于目前欢乐和痛苦的情况要深得多。在他的思考能力、记忆力和预见力中，人类拥有一台机器，可以浓缩和储存他的快乐和悲伤。但是，畜生却没有这种能力；每当它感到痛苦时，它就像第一次受苦一样，尽管同样的事情在它身上已经发生了无数次。它没有总结其感受的能力。因此，它的漫不经心和平和的脾气是多么令人羡慕啊，但在人身上，反思带着它所产生的所有情感进来了；它吸收了人和畜生所共有的快乐和痛苦的因素，把人对快乐和痛苦的敏感性发展到如此程度，以至于在某一时刻，人在瞬间被带入一种甚至可能是致命的快乐状态，在另一时刻则被带入绝望和自杀的深处。

如果我们再进一步分析，我们会发现，为了增加他的快乐，人类有意增加了他的需求的数量和压力，而这些需求在最初的状态下并不比畜生的需求更难满足。因此，出现了各种形式的奢侈：精致的食物、烟草和鸦片的使用、烈性酒、精美的衣服，以及他认为对他的生存有必要的一千零一种东西。

在这一切之上，还有一个单独的、特殊的快乐和痛苦的来源，这也是人类为自己建立的，也是使用他的思考能力的结果；这占据了他，与它的价值完全不成比例，不，几乎超过了他所有其他利益的总和——我指的是野心和荣誉与耻辱的感觉；简单地说，就是他对别人对他看法的看法，以一千种形式，往往是非常奇怪的形式，这几乎成为他所做所有努力的目标，而这些努力的根源不是身体的快乐或痛苦。诚然，除了与畜生共同拥有的快乐来源之外，人也有心灵的快乐。这些快乐有许多等级，从最无辜的琐事或最简单的谈话到最高的智力成就；但在痛苦方面，还有与之相伴的无聊感。厌烦是一种畜生所不知道的痛苦形式，至少在它们的自然状态下是这样，只有它们中最聪明的才会在被驯化后表现出微弱的痕迹；对人而言，它已经成为一种彻头彻尾的祸患。一群可悲的可怜虫，他们生活的唯一目的是填满他们的钱包，但从来没有把任何东西放进他们的脑袋里，提供了这种无聊的折磨的一个奇特的例子。他们的财富成为一种惩罚，使他们陷入无事可做的痛苦之中；因为，为了逃避这种痛苦，他们会冲向各个方向，在这里，在那里，在任何地方旅行。他们一到一个地方，就急于想知道那里有什么娱乐活动；就好像他们是乞丐，想知道在哪里可以领到救济金一样。事实上，需求和无聊是人类生活的两极。最后，我想说的是，在性关系方面，一个人致力于一种特殊的安排，促使他固执地选择一个人。这种感觉时不时地会发展成一种或多或少的热烈的爱，这是小的快乐和大的痛苦的来源。

然而，仅仅是思想的增加就能使人类的幸福和痛苦形成如此巨大和崇高的结构，这是一件奇妙的事情；而且，它也是建立在人与畜生共同拥有的欢乐和悲伤的狭窄基础上，并使他面临如此激烈的情绪、如此多的激情风暴、如此多的感情抽搐，以至于他所遭受的一切都写在脸上，可以从他脸上的线条中读到。然而，当一切都被告知时，他最终是在为获得与蛮人同样的东西而奋斗，而且所花费的激情和痛苦要小得多。

但所有这些都有助于增加人类生活的痛苦，与快乐完全不成比例；而且，由于死亡对人来说是非常真实的东西，生活的痛苦对人来说就更加严重。畜生本能地逃离死亡，却不知道它是什么，因此也没有像人那样自然地考虑它，因为人的眼前总是有这种前景。因此，即使只有少数畜生自然死亡，而且大多数畜生只活到足够长的时间来传播它们的物种，然后，如果不提前的话，就会成为其他动物的猎物；而另一方面，人类设法使所谓的自然死亡成为规则，然而，也有许多例外，由于上述原因，优势是在畜生一边的。但事实是，人和畜生一样很少达到自然年限；因为他生活的非自然方式，以及工作和情感的压力，导致了种族的退化；所以他的目标不常达到。

畜生比人更满足于单纯的存在；植物完全如此；而人在其中找到了满足感，这与他的迟钝和愚钝成正比。因此，与人的生活相比，畜生的生活带有较少的悲哀，但也有较少的快乐；虽然这可以追溯到一方面，因为它不受照顾和焦虑的折磨，但它也是由于这样的事实，即希望，在任何真正意义上，对畜生来说都是未知的。因此，它被剥夺了在给我们带来最多、最好的快乐和愉悦的事物中的任何份额，即对幸福未来的心理预期，以及幻觉的激励游戏，这两者都归功于我们的想象力。如果畜生没有忧虑，那么在这个意义上，它也是没有希望的；在这两种情况下，因为它的意识局限于当下，局限于它能实际看到的东西。畜生是当前冲动的化身，因此，在它的本性中存在的恐惧和希望的因素——它们并不遥远——只与它面前和这些冲动所及的对象有关：而人的视野范围包括他的整个生命，并延伸到过去和未来。

在此基础上，与我们相比，畜生在一个方面表现出真正的智慧，即它们对当下的安静、平和的享受。这似乎给它们带来了心灵的宁静，这常常使我们感到羞愧，因为我们多次让我们的思想和我们的忧虑使我们不安和不满。事实上，我所提到的那些希望和期待的快乐并不是白得的。一个人在希望和期待某种特别的满足时的快乐，是提前享受真正快乐的一部分。这将在事后被扣除；因为我们越是期待什么，当它到来时，我们在其中发现的满足就越少。但是，畜生的享受是没有预期的，因此不会被扣除；所以，当下的实际快乐是完整无缺的。同样地，邪恶只以其本身的重量压在畜生身上；而对我们来说，对其到来的恐惧往往使其负担加重十倍。

正是这种野蛮人将自己完全交给当下的特点，使我们对家养宠物产生了极大的兴趣。它们是当下的化身，在某些方面，它们让我们感受到每一个没有麻烦和烦恼的小时的价值，而我们的想法和心事，大多忽略了这些。但是，人类，这个自私无情的生物，滥用了畜生的这种品质，使其比我们更满足于单纯的存在，并经常将其发挥到如此程度，以至于他允许畜生绝对不超过单纯的、赤裸裸的生命。鸟儿被造出来是为了在大半个世界上漫游，但他却把它关在一立方英尺的空间里，让它在对自由的渴望和呼喊中慢慢死去；因为在笼子里，它不会为了快乐而歌唱。当我看到人类如何滥用他最好的朋友——狗，如何用铁链拴住这只聪明的动物时，我对这只畜生感到最深切的同情，并对它的主人感到强烈的愤慨。

我们将在后面看到，如果站在一个非常高的角度，就有可能为人类的痛苦辩护。但这种辩解不能适用于动物，它们的痛苦虽然在很大程度上是由人造成的，但即使不经过人的作用，也往往是相当大的。因此，我们不得不问，所有这些折磨和痛苦为什么会存在，目的是什么？这里没有任何东西可以让意志停顿下来；它不能自由地否定自己，从而获得救赎。只有一种考虑可以用来解释动物的痛苦。这就是：作为整个现象世界基础的生存意志，对动物而言，必须通过自食其力来满足其渴求。它通过形成各种现象的梯度来做到这一点，其中每一种现象的存在都是以另一种现象为代价的。然而，我已经表明，动物的痛苦能力比人要小。对它们的命运所做的任何进一步解释都将是假说性质的，如果不是真正的神话性质的话；我可以让读者自己去猜测这个问题。

梵天被说成是由于某种堕落或错误而产生了世界；为了弥补

他的愚蠢，他必须自己留在世界中，直到他完成赎罪。作为对事物起源的描述，这是令人钦佩的！根据佛教的教义，世界的出现是由于涅槃的天堂般的平静中出现了一些莫名其妙的干扰，那是通过赎罪获得的幸福状态，它已经持续了很长时间，变化是通过一种宿命发生的。这种解释必须被理解为具有某种道德含义；尽管它在物理科学领域被一个完全平行的理论所说明，该理论将太阳的起源置于原始的雾状条纹中，人们不知道如何形成。随后，由于一系列的道德错误，世界逐渐变得越来越糟——物理秩序也是如此，直到它呈现出今天的惨淡面貌。很好！希腊人把世界和众神看成是一种不可捉摸的必然性的工作。一个合格的解释：我们可以满足于此，直到我们能得到更好的解释。同样，奥姆兹德和阿瑞曼是敌对的力量，不断地交战。这并不坏。但是，像耶和华这样的上帝，纯粹出于任性，因为他喜欢这样做而创造了这个充满痛苦和不幸的世界，然后拍手称赞他自己的工作，并宣布一切都非常好——这根本不可能！在对世界起源的解释上，犹太教比文明国家所宣称的任何其他形式的宗教教义都要逊色；与此相当的是，它是唯一没有任何关于灵魂不死的信仰痕迹的宗教。

即使莱布尼茨的论点，即这是所有可能的世界中最好的世界，是正确的，这也不能证明上帝创造了它。因为他不仅是世界的创造者，也是可能性本身的创造者；因此，他应该对可能性进行排序，以便它能容纳更好的东西。

有两件事让人无法相信这个世界是一个全智、全善，同时也是全能的存在的成功之作。首先，这个世界上到处都是苦难；其次，这个世界的最高产物——人，显然是不完美的，他是他应该有的样子的一个缩影。这些事情不能与任何此类信仰相协调。相反，它们正是支持我所说的事实；它们是我们将世界视为我们自己错误行为的结果的权威，因此，是最好不要存在的东西。虽然在前一种假设下，它们相当于对造物主的痛苦指控，并提供了讽刺的材料；但在后一种假设下，它们形成了对我们自己的本性、我们自己的意志的指控，并给我们上了一堂谦逊的课。它们使我们看到，就像放荡者的孩子一样，我们是带着罪的负担来到这个世界的；正是因为不断地赎罪，我们的生存才如此悲惨，其结局只能是死亡。

没有什么比一般的事实更确定的了，那就是正是世界上的严重罪恶产生了世界上的严重痛苦。我在这里指的不是这两件事情之间的物理联系，而是经验领域；我的意思是形而上的。因此，唯一能使我与《旧约》和解的是关于堕落的故事。在我眼里，它是那本书中唯一的形而上的真理，尽管它是以寓言的形式出现。在我看来，对于我们的存在，没有比这更好的解释了，它是一些错误步骤的结果，是一些我们正在支付惩罚的罪恶。我不能不向有思想的读者推荐克劳狄乌斯关于这个问题的一篇通俗但同时又很深刻的论文，其中展示了基督教本质上的悲观主义精神。它的标题是：土地因你的缘故被诅咒。

在希腊人的伦理学和印度人的伦理学之间，存在着明显的对比。在一种情况下（必须承认，柏拉图除外），伦理学的目标是使人过上幸福的生活；在另一种情况下，它是为了使人从生活中获得自由和救赎——这在《数论》的第一句话中就直接说明了。

与此相关的是希腊和基督教死亡观念之间的对比。在佛罗伦萨的画廊里，一个精美的古董石棺以明显的形式展示了这一点，它以浮雕的形式展示了古代婚礼的整个系列仪式，从正式的提议到晚上海门的火炬照亮幸福的夫妇回家。与之相比，基督教的棺材则披上了哀伤的黑色外衣，上面还有一个十字架！在这两幅画中，有多少意义？这两种在死亡中寻找安慰的方式有多大意义？它们是相互对立的，但每一种都是正确的。一种指向对生存意志的肯定，这种意志在任何时候都是对生命的肯定，无论其形式如何迅速变化。另一种，在痛苦和死亡的象征中，指向对生存意志的否定，指向对这个世界的救赎，即死亡和魔鬼的领域。在肯定和否定生存意志的问题上，基督教最后是正确的。

根据教会的观点，新约圣经与旧约圣经所呈现的对比，就像我的伦理体系与欧洲的道德哲学之间存在的对比一样。《旧约》

将人置于法律的统治之下，但其中没有救赎。《新约》宣布律法已经失败，把人从律法的统治下解放出来，并代替律法宣扬恩典的国度，通过信仰、对邻居的爱和对自我的完全牺牲来赢得。这是一条从世界的邪恶中得到救赎的道路。《新约》的精神无疑是禁欲主义，无论你们的新教徒和理性主义者如何歪曲它以适应他们的目的。禁欲主义是对生活意志的否定；从《旧约》到《新约》，从律法的统治到信仰的统治，从靠行为称义到通过调解人救赎，从罪和死亡的领域到基督里的永生，如果从其真正意义上讲，都意味着从单纯的道德美德到对生活意志的否定的过渡。我的哲学显示了正义和人类之爱的形而上学基础，并指出了这些美德如果得到完美的实践，就必然导致的目标。同时，它坦率地承认，人必须背弃世界，而否定生存意志是救赎的途径。因此，它与《新约》的精神真正融为一体，而所有其他体系都是以《旧约》的精神来表述的；也就是说，从理论上和实践上看，它们的结果是犹太教——纯粹的专制神论。从这个意义上说，我的学说可以被称为唯一真正的基督教哲学——无论这种说法对那些只看表面而不深入问题核心的人来说有多矛盾。

如果你想有一个安全的指南针来指导你的生活，并消除所有对正确看待它的怀疑，你不能做得更好，只能习惯于把这个世界看作是一个监狱，一种刑罚的殖民地，或最早的哲学家所谓的罪犯流放地。我指的不是我自己的哲学，而是所有时代的智慧，如婆罗门教和佛教所表达的，以及希腊哲学家如恩培多克勒和毕达哥拉斯的言论；还有西塞罗，他说古代的智者曾经教导我们来到这个世界，为在另一个生存状态中犯下的罪行支付惩罚——这是构成进入奥秘的一部分的理论。瓦尼尼——他的同时代人把他烧死了，认为这比驳斥他更容易——以一种非常有力的方式提出了同样的问题。他说，人类充满了各种痛苦，如果不是与基督教相抵触，我应该大胆地说，如果邪灵真的存在，它们已经变成了人形，现在正在为它们的罪行赎罪。真正的基督教——使用这个词的正确含义——也认为我们的存在是罪恶和错误的结果。

如果你习惯于这种生活观，你就会相应地调整你的期望，不再把所有令人不快的事件，无论大小，它的痛苦，它的烦恼，它的不幸，看成是任何不寻常或不正常的事情；不，你会发现，在这个我们每个人都以自己特有的方式支付生存惩罚的世界里，一切都应该是这样的。惩戒所的弊端之一是那些组成惩戒所人的社会；如果读者值得更好的陪伴，他将不需要我的话语来提醒他目前必须忍受的东西。如果他有一个高于普通人的灵魂，或者如果他是一个天才，他偶尔会觉得自己像某个高贵的国家囚犯，被判处在大帆船上与普通罪犯一起工作；他将效仿他，试图孤立自己。

　　然而，总的来说，应该说这种人生观将使我们能够思考绝大多数人的所谓不完美，他们在道德和智力方面的缺陷以及由此产生的卑劣面容，而不会感到惊讶，更不会感到愤慨；因为我们将永远不会停止思考我们所处的位置，思考我们身边的人是在罪中孕育和出生，并为赎罪而活着。这就是基督教在谈到人的罪性时的意思。

　　赦免是对所有人说的。无论人们犯了什么错误，无论他们的缺点或恶习是什么，我们都要忍耐；要记住，当这些缺点出现在别人身上时，我们看到的是我们的愚蠢和恶习。它们是人类的缺点，我们属于人类；它们的缺点，一个个都是我们所共有的；是的，甚至是那些让我们现在如此愤慨的缺点，只是因为它们还没有出现在我们身上。它们不是存在于表面的缺点。它们存在于我们本性的深处；如果有什么事情需要它们，它们就会出现并显示出来，就像我们现在在别人身上看到的那样。诚然，一个人可能有他的同伴所没有的缺点；不可否认的是，在某些情况下，不良品质的总和是非常大的；因为人与人之间的个性差异是无法衡量的。

　　事实上，相信世界和人是最好不存在的东西，是一种让我们对彼此充满宽容的信念。不，从这个角度来看，我们完全可以认为适当的称呼方式不是"先生，大人"，而是"我的同病相怜者，我苦难的同胞”！这也许听起来很奇怪，但它符合事实；它把别人放在正确的位置上；它提醒我们，这毕竟是生活中最必要的东西——宽容、耐心、关心和对邻居的爱，每个人都需要这些，因此，每个人都对他的同伴负有责任。

生命的旅程

人生的每个年龄段都有其独特的心理特征，

如果一个人的思想与他的年龄不相称，

他就会感到完全不快乐。

我们看一下生命的各个时期在我们身上产生的机会，

这将是对我们关于幸福本质猜测的一个恰当的结束。

伏尔泰有一句很好的话，大意是说，人生的每个年龄段都有其独特的心理特征，如果一个人的思想与他的年龄不相称，他就会感到完全不快乐。

谁没有他那个时代的精神，

从他的年龄胜过不幸。

我们看一下生命的各个时期在我们身上产生的机会，这将是对我们关于幸福本质猜测的一个恰当的结束。

在我们的整个生命中，我们实际拥有的是现在，而且仅仅是现在；唯一不同的是，在生命的开始，我们期待着一个漫长的未来；而在生命的结束，我们回顾着一个漫长的过去。还有，我们的气质，而不是我们的性格，经历了某些众所周知的变化，这使得现在在生命的每个时期都有不同的颜色。

我在其他地方说过，在童年时期，我们更倾向于使用我们的智力，而不是我们的意志；我也解释过为什么会这样。正是因为这个原因，人生的前四分之一是如此的快乐，当我们在以后的日子里回顾它时，它似乎是一种失去了的天堂。在童年时期，我们与他人的关系是有限的，我们的需求也很少，总之，对意志的刺激很少；因此，我们主要关心的是扩展我们的知识。智力和大脑一样，在第七年就达到了完全的大小，尽管它需要时间来成熟，但却很早就得到了发展；它在不断寻找营养的过程中探索周围的整个世界：这时，存在本身就是一种永远新鲜的乐趣，所有的事物都闪烁着新奇的魅力。

这就是为什么童年的岁月就像一首长诗。因为诗歌的功能，就像所有艺术的功能一样，是把握理念——在柏拉图式的意义上；换句话说，是以这样一种方式来理解一个特定的对象，以感知它的基本性质，了解它与所有其他同类对象的共同特征；这样，一个单一的对象就会作为一个类别的代表出现，而一个经验的结果对一千个经验都是有效的。

也许有人会认为我的言论与事实相反，认为儿童除了感知不时出现在他面前的个别物体或事件之外，从来没有其他的事情，而且只是在这些物体或事件引起他的兴趣并激起他的意志的时候；但实际上情况并非如此。在这些早期的岁月里，生活——在这个词的完整意义上，是如此新奇和新鲜的东西，他的感觉是如此敏锐，没有被重复所钝化，以至于在所有的追求中，在没有明确意识到自己在做什么的情况下，孩子总是默默地忙于掌握生活本身的性质，通过单独的场景和经验来得出它的基本特征和总体轮廓。或者，用斯宾诺莎的说法，孩子正在学习如何看待与他有关的事物和人物，即作为普遍规律的特殊表现。

那么，我们越年轻，每个单独的物体就越能代表它所属的整个类别；但随着年龄的增长，这种情况就越来越少了。这就是年轻时的印象与年老时的印象如此不同的原因。这也是为什么在童年和青年时期获得的少量知识和经验后来会成为以后生活中获得的所有知识的永久标准，或者说是标题——那些早期的知识形式变成了类别，就像它一样，后来的经验结果被归类；尽管人们在这个过程中并不总是清楚地意识到正在做什么。

这样，一个人生命的最初几年就为他对世界的看法奠定了基础，无论这种看法是浅薄的还是深刻的；尽管这种看法在以后可能会得到扩展和完善，但它不会发生实质性的改变。这种纯客观的、因而也是诗意的世界观的影响，是童年时期所必需的，也是由尚未发展的意志力所推动的，因此，作为儿童，我们更关心的是获得纯知识，而不是行使意志力。因此，在许多儿童身上可以观察到那种严肃、固定的神情，拉斐尔在描绘小天使时，特别是在西斯廷圣母像中，就很好地利用了这一点。童年的岁月就这样充满了幸福，以至于人们对它们的记忆总是伴随着渴望和遗憾。

当我们热衷于学习事物的外在表现时，作为了解我们周围物体的原始方法，教育的目的是向我们灌输思想。但是观念并没有提供关于物体的真实和基本性质的信息，所有知识的基础和真正的内容，只有通过被称为直觉的过程才能达到。这是一种不可能从外部灌输给我们的知识；我们必须通过自己来获得它。

因此，一个人的智力和道德品质都来自他自己的本性深处，而不是外部影响的结果，裴斯泰洛齐或其他任何人的教育计划都不能把一个天生的傻瓜变成有理智的人。这是不可能的！他生来就是个傻子，死后也是个傻子。

正是这种早期对外部世界直觉知识的深度和强度，解释了为什么童年的经历会在记忆中占据如此牢固的地位。当我们年轻的时候，我们完全沉浸在我们周围的环境中；没有什么可以分散我们的注意力；我们看着我们周围的物体，好像它们是唯一的同类物体，好像确实没有其他东西存在。后来，当我们发现世界上有这么多东西时，这种原始的思维状态就消失了，我们的耐心也随之消失了。

我在其他地方说过，世界作为客体——换句话说，它客观地呈现在我们面前——总的来说具有令人愉快的一面；但在世界中，作为主体——就其内部性质而言，也就是意志——痛苦和烦恼占了上风。我可以简单地表达一下这个问题：这个世界看起来很光荣，但实际上很可怕。

　　因此，我们发现，在童年时期，我们对世界的了解，更多的是它的外在或客观的一面，即作为意志的表现，而不是它的内在性质的一面，即作为意志本身。由于客观的一面呈现出令人愉悦的一面，而内在的或主观的　一面及其恐怖的故事，仍然是未知的，因此，随着青少年智力的发展，他把他在自然界和艺术中看到的所有美的形式，作为幸福存在的许多对象；它们在外表上是如此美丽，以至于他认为，在它们的内在方面，它们一定是更美丽的。因此，世界在他面前就像另一个伊甸园；而这就是我们都出生在其中的阿卡迪亚。

　　稍后，这种心理状态产生了对现实生活的渴求——做事和受苦的冲动——这驱使一个人走向世界的喧嚣。在那里，他了解到存在的另一面——内在的一面，意志，每一步都被挫败了。然后是伟大的幻灭期，这是一个逐渐成长的时期；但一旦开始，一个人就会告诉你，他已经克服了所有的错误观念——幻想的时代已经过去了；然而这个过程才刚刚开始，它还在继续扩大它的影响力，越来越多地被应用于整个生活。

　　因此可以说，在童年时，当你从远处看时，生活就像剧院里的风景；而到了老年，当你非常接近它时，它同样像风景。

　　最后，还有一种情况有助于童年的幸福。随着春天的到来，树上的嫩叶颜色相似，形状也基本相同；在生命的最初几年，我们都彼此相似，非常和谐。但随着青春期的到来，分歧开始了；而且，就像圆的半径一样，我们的距离越来越远。

青年时期，也就是我们生命中前半段的剩余时间——它比后半段有多少优势！——因追求幸福而烦恼和痛苦，仿佛在生活中的某个地方就能遇到幸福是毫无疑问的，这种希望总是以失败告终，并导致不满。某种模糊的未来幸福的虚幻形象在我们眼前浮现，它是由梦境和幻想构成的；而我们却徒劳地寻找现实。因此，年轻人一般都对自己所处的位置不满意，不管它是什么；他把他的失望完全归咎于他第一次进入生活时遇到的事情，而他所期望的是非常不同的事情；而他现在第一次体验到的只是人类生活虚荣和悲惨的一面。

如果一个年轻人的早期训练能够根除世界上很多东西提供给他的想法，这将是一个巨大的优势。但是，教育的通常结果是加强这种错觉；我们对生活的最初想法一般都是从虚构而不是从事实中获得的。

在我们青春岁月的明亮曙光中，生活的诗意在我们面前展开了绚丽的愿景，我们渴望看到它的实现，从而折磨自己。我们还不如希望抓住彩虹呢！青年人期望他的职业生涯就像一部有趣的罗曼史；这就是我一直在描述的失望的萌芽。所有这些愿景的魅力就在于它们是愿景而不是现实，而且在思考它们的时候，我们常处于纯粹的知识领域，它本身就足够了，没有生活的喧嚣和挣扎。试图实现这些幻象就是要把它们变成意志的对象——这个过程总是包含着痛苦。

如果说前半生的主要特征是对幸福永不满足的渴望，那么后半生的特征则是对不幸的恐惧。因为，随着年龄的增长，人们或多或少地意识到，所有的幸福在本质上都是虚构的，只有痛苦才是真的。因此，在晚年，我们，或者至少是我们当中比较谨慎的人，更想从我们的生活中消除痛苦的东西，使我们的地位得到保障，而不是追求积极的快乐。顺便说一下，在老年时，我们能更好地防止不幸的到来，而在青年时，能更好承受不幸的到来。

在我年轻的时候，听到门铃声，我总是很高兴：啊，我想，现在有了令人愉快的事情。但在后来的生活中，我在这种场合的感受与其说是高兴，不如说是沮丧：天不助我也！我想，我该怎么办？对人世间类似的反感，发生在所有有才华或杰出的人身上。正因为如此，他们不能被说成是属于这个世界的；根据他们的优势程度，他们或多或少都是孤独的。在年轻时，他们有一种被世界抛弃的感觉；但后来，他们觉得自己似乎已经逃离了这个世界。早期的感觉是不愉快的，是建立在无知的基础上的；第二种感觉是愉快的，因为在此期间他们已经知道了世界是什么。

　　这样做的结果是，与前半生相比，后半生就像音乐篇章的第二部分一样，少了一些激情澎湃的渴望，多了一些安逸。为什么会出现这种情况？只是因为在年轻时，一个人认为世界上有大量的幸福和快乐，只是很难得到它；而当他变老时，他知道没有那种东西；他在这个问题上完全放心，并尽可能地享受现在的时光，甚至对琐事感到高兴。

　　从生活经验中获得的主要结果是清晰的观点。这就是成年男子的特点，使世界呈现出与青年或少年时不同的面貌。只有到那时候，他才会把事情看得很清楚，并认为它们是真实的：而在早年，他看到的是一个幻影世界，是由他自己的思想、继承的偏见和奇怪的妄想所组成的：真实的世界对他来说是隐藏的，或对它的看法是扭曲的。经验所要做的第一件事就是把我们从大脑的幻影中解放出来——那些年轻时灌输给我们的错误观念。

　　当然，阻止他们进入是最好的教育形式，即使它的目的只是消极的，但这将是一个充满困难的任务。起初，孩子的视野必须被尽可能地限制，但在这个有限的范围内，除了清晰和正确的概念外，没有任何东西是必须提供的；只有在孩子正确地理解了其中的一切之后，这个范围才可能逐渐扩大；要始终注意没有任何东西是模糊的，或者一半是错误的理解。这种训练的结果是，孩子对人和事的概念在性质上总是有限和简单的；但是，另一方面，它们将是清晰和正确的，只需要扩展，而不是纠正。同样的路线可以一直延续到青年时期。这种教育方法特别强调禁止阅读小说；用适当的传记文学来代替小说——例如富兰克林的生平，或莫里茨的《安东·莱泽》。

在我们早年的时候，我们幻想我们生活中的主要事件，以及在其中扮演重要角色的人如何在鼓声和号角声中登场；但当我们年老时，我们回头看，我们会发现他们都是很安静地进来的，就像从侧门溜进来一样，几乎没有人注意。

从我们一直到现在的观点来看，生活可以比作一块刺绣，在前半段时间里，一个人看到的是正确的一面，而在后半段时间里，看到的是错误的一面。错的一面不像对的一面那么漂亮，但它更有启发性；它显示了线的组合方式。

智力上的优势，即使是最高级的，也不能确保一个人始终在谈话中占据优势地位，直到他四十岁以后。因为年龄和经验虽然永远不能替代智力，但却可以远远超过智力；即使在一个能力最差的人身上，只要他还年轻，它们也能给一个智力极强的人的力量提供某种平衡。当然，我这里指的是个人的优势，而不是一个人通过他的作品可能获得的地位。

任何一个稍有思想能力的人——也就是说，任何一个拥有超过大自然赋予人类六分之五的智力份额的人——在过了四十岁之后，都很难不表现出一些厌世的痕迹。因为，很自然地，那时他已经从对自己的检查中推断出其他人的性格；其结果是，他逐渐失望地发现，在头脑或心灵的品质方面——通常是在这两方面——达到了一个他们无法达到的水平；所以他很高兴地避免与他们有任何关系。因为一般来说，每个人都会爱或恨孤独——换句话说，他自己的社会——就像他在自己身上的价值一样。康德在《判断力批判》中对这种厌世行为有一些评论。

在一个年轻人身上，如果他在理解世界的方式和适应世界的追求方面很早熟，如果他马上就知道如何与人打交道，并在生活中做好了充分的准备，那么从智力和道德的角度来看，这都是一个不好的迹象。这就证明了一种庸俗的天性。另一方面，对人们的行为方式感到惊讶，并在与他们打交道时显得笨拙和粗枝大叶，这表明他的性格比较高尚。

年轻人的开朗和活泼部分是由于这样一个事实：当我们登上生命之山时，死亡是看不见的：它躺在另一侧的底部。但是一旦我们越过了山顶，它就出现在我们眼前——死亡——在此之前，我们只是道听途说地知道。这使我们的精神萎靡不振，因为我们开始感觉到我们的生命力在减退。现在，一种严肃的态度取代了早期那种奢侈的精神；这种变化甚至在一个人的面部表情中也是明显的。只要我们还年轻，人们就可以随心所欲，视生命为无止境，不顾一切地利用我们的时间；但我们越是年长，就越是要节约。因为在生命即将结束的时候，我们生活的每一天都会给我们带来同样的感觉，就像罪犯在接受审判的路上每一步都会经历的感觉一样。

从青年的角度看，生命似了延伸到了无尽的未来；从老年的角度看，生命似乎只是回到了过去；因此，在开始的时候，生命呈现给我们的是一幅画面，其中的物体似乎离我们很远，就像我们把望远镜倒过来一样；而到了最后，一切都显得那么近。要看到生命是多么短暂，一个人必须已经变老，也就是说，他必须已经活了很久。

另一方面，随着岁月的流逝，一切都显得渺小了；在我们年轻的时候，生活的基础是如此的牢固和稳定，而现在看来，只不过是瞬间的快速飞行，每一个都是虚幻的：我们已经看到，整个世界都是虚幻的！

当我们年轻的时候，时间本身似乎走得更慢；因此，不仅生命的第一个季度是最快乐的，而且也是最长的；它留下了更多的记忆。如果让一个人去做，他可以告诉你他生命中第一个季度的情况，比其余两个时期的情况还要多。不，在生命的春天，就像一年的春天一样，日子达到了令人厌烦的长度；但在秋天，无论是一年的秋天还是生命的秋天，尽管它们很短，但它们更加和善和统一。

但为什么对一个老人来说，他过去的生活显得如此短暂？原因是：他的记忆力很差；所以他认为他的生活也很短。他不再记得其中无关紧要的部分，许多不愉快的事情现在也被忘掉了；那么，剩下的东西是多么的少啊！因为，一般来说，一个人的记忆和他的智力一样不完善；他必须对他所学到的课程和所经历的事件进行反思，如果他不想让它们都逐渐沉入遗忘的深渊。现在，我们不习惯对不重要的事情进行反思，或者，通常是对我们认为不愉快的事情进行反思，然而，如果要保留对它们的记忆，这是必要的。但是，可以被称为不重要的事情的类别不断得到新的补充：许多起初带有重要性的事情，由于经常重复的事实，逐渐变得毫无意义；因此，最后我们实际上失去了它发生的次数。因此，我们能够更好地记住我们早年的事件，而不是晚年的事件。我们活得越久，我们可以称为重要的或有意义的、值得进一步考虑的事情就越少，只有这样才能把它们固定在记忆中；换句话说，它们一过去就被遗忘了。因此，时间在不断流逝，留下的痕迹总是越来越少。

此外，如果不愉快的事情发生在我们身上，我们也不愿意去反思它们，尤其是当它们触及我们的虚荣心时，通常情况下是这样；因为很少有不幸落在我们身上，我们可以完全不受责备。因此，人们非常愿意忘记许多令人不快的事情，以及许多不重要的事情。

正是由于这个双重原因，我们的记忆才如此短暂；一个人对所发生的事情的回忆总是成比例地变短，生活中占据他的事情越来越多。我们在过去的岁月里所做的事情，以及很久以前发生的事件，就像海岸上的那些物体一样，对于远航的海员来说，每分钟都在变得更小、更加难以辨认、更加难以分辨。

此外，有时记忆和想象力会唤起一些过去很久的场景，就像昨天才发生一样生动；因此，有关事件似乎离现在非常近。其原因是，我们不可能以同样生动的方式唤起所有的间隔期，因为没有一个可以一目了然的数字充斥其间；此外，在那个时期发生的大多数事情都被遗忘了，剩下的只是我们经历过这个时期的一般知识——仅仅是抽象存在的概念，而不是对某些特定经历的直接想象。正是这一点导致很久以前的一些单一事件看起来就像发生在昨天一样：中间的时间消失了，整个生命看起来短得令人难以置信。不，在年老的时候，偶尔也会有这样的时刻，我们几乎不相信自己已经年事已高，也不相信躺在我们身后的漫长的过去曾经有过任何真实的存在——这种感觉主要是出于这样的情况：当我们看向现在的时候，现在似乎是固定的、不动的。这些以及类似的心理现象最终都可以归结为这样一个事实：在时间中的不是我们的本性，只是它的外在表现，而现在是作为主体的世界和作为客体的世界之间的接触点。

同样，为什么在年轻时我们看不到在我们面前的岁月的尽头？因为我们不得不为我们希望在生活中实现的所有事情找到空间。我们把岁月塞得满满的，如果我们试图把它们全部完成，那么尽管我们达到了玛士撒拉的年龄，死亡还是会过早地到来。

当我们年轻的时候，生命看起来如此漫长的另一个原因是，我们很容易用我们已经生活过的几年来衡量它的长度。在那些早期的岁月里，事情对我们来说是新的，所以它们显得很重要；我们在它们发生后会停留在它们上面，并经常把它们记在心里；因此，在青年时期，生活似乎充满了事件，因此持续时间很长。

有时，我们把自己归功于对某个遥远地点的渴望，而事实上，我们只是渴望重新获得我们在那里度过的时光——那些我们比现在更年轻、更新鲜的日子。在那些时刻，时间戴着空间的面具嘲笑我们；如果我们到了那个地方，我们就可以看到我们被欺骗了多少。

有两种达到高龄的方法，这两种方法都是以健全的体质为前提的。它们可以用两盏灯来说明，一盏灯用很少的油烧了很久，因为它的灯芯很细；另一盏灯的灯芯很粗，但也一样长，因为有大量的油供它使用。在这里，油是元气，而灯芯的不同是元气被使用的多种方式。

在我们 36 岁之前，就我们使用生命力的方式而言，我们可以被比作靠钱的利息生活的人：他们今天花掉的，明天又有了。但从 36 岁开始，我们的处境就像开始巩固其资本的投资者一样。起初，他几乎没有注意到任何差别，因为他的大部分开支都被他的证券利息所覆盖；如果赤字很小，他就不会注意到它。但赤字不断增加，直到他意识到这一事实越来越严重：他的地位变得越来越不安全，他感到自己越来越穷，而他却不指望这种对资源的消耗会结束。他从富裕到贫穷的速度每时每刻都在加快，就像一个固体物质在太空中坠落，直到最后它完全没有了。如果这种比较的条件——他的生命力和他的财富——真的在同一时间开始融化，那么一个人就真的处于悲惨的困境。正是对这种灾难的恐惧，使得对财产的热爱随着年龄的增长而增加。

另一方面，在生命之初，在我们成年之前的几年里，以及之后的一小段时间里，我们的生命力状况使我们与那些每年将部分利息存入资本的人处于同一水平，换句话说，不仅他们的利息定期流入，而且资本也不断得到补充。这种幸福的状况有时是在一些诚实的监护人精心照料下实现的——健康和金钱。幸福的青春和悲伤的晚年啊！

然而，一个人即使在年轻时也应该节约他的力量。亚里士多德指出，在那些在奥林匹亚取得胜利的人中，只有两三个人在两个不同的时期获得了奖项，一次是在少年时期，另一次是在成年后；其原因是，训练中的过早努力，完全耗尽了他们的力量，以至于他们无法坚持到成年。肌肉是如此，神经能量更是如此，而所有智力成就都是神经能量的体现。不，男孩们被强迫过早地认识古代语言的方式，也许应该归咎于许多有学问的人所特有的迟钝和缺乏判断力。

我曾说过，几乎每个人的性格似乎都特别适合于生命中的某个时期，所以一到这个时期，这个人就处于最佳状态。有些人在年轻时就很有魅力，之后就没有什么吸引力了；有些人在成年时精力充沛，积极进取，随着年龄的增长，就失去了所有的价值；许多人在老年时表现得最为出色，这时他们的性格会变得温和，就像那些见过世面的人一样，对生活很轻松。法国人的情况往往是这样的。

这种特殊性一定是由于这个人性格中有一些类似于青年、成年或老年的品质—— 一些与生命中的一个或另一个时期相吻合的东西，或者也许对其特殊的缺陷起到了纠正作用。

航海家只通过海岸上的物体逐渐消失在远方并明显缩小的方式来观察自己的进步。同样，当一个人发现比自己年长的人在他眼里开始变得年轻时，他就会意识到自己的年龄在不断增长。

我们已经注意到，一个人越老，他所看到的、所做的或所经历的一切在他头脑中留下的痕迹就越少，这一点的原因已经得到解释。因此，在某种意义上可以说，一个人只有在年轻时才会有充分的意识，而当他年老时，他只剩下一半的生命力。随着岁月的流逝，他对周围发生的事情的意识逐渐减弱，生活中的事物匆匆而过，没有给他留下任何印象，就像艺术作品被看了一千遍也没有留下印象一样。一个人做了他的手认为要做的事，事后他不知道他是否做了。

随着生活变得越来越无意识、越接近所有意识的终止点，时间的进程本身似乎也越来越快。在儿童时期，生活中的所有事物和环境都是新奇的，这足以唤醒我们对存在的完全意识，因此，在那个年龄段，一天是如此的漫长。同样的事情发生在我们旅行的时候：一个月似乎比在家里度过的四个月还长。不过，尽管在我们年轻时或在旅途中，时间似乎更长，但在这两种情况下，新奇感并不妨碍它时不时地在我们手上留下沉重的痕迹，至少比我们年老或待在家里时的情况要多。但是，由于长期习惯于这种印象，智力会逐渐被磨灭，变得迟钝，以至于事物在经过时总是有一种对我们产生越来越少印象的趋势；这使得时间看起来越来越不重要，因此时间也越来越短：男孩的时间比老人的日子要长。因此，我们活得越久，时间就越快，就像一个球从山上滚下来。

或者，举另一个例子：就像在一个旋转的圆盘中，一个点离中心越远，它的进展速度就越快，生命之轮也是如此；你离起点越远，时间就越快。因此可以说，就时间在我们头脑中产生的直接感觉而言，任何一年的长度都与它在我们整个生命中划分的次数成正比：例如，在50岁时，一年在我们看来只有五岁时的十分之一长。

时间流逝速度的这种变化，对我们每个时期的整个生存性质产生了最明显的影响。首先，它使童年——即使它只包括15年的时间——看起来是生命中最长的时期，因此也拥有最丰富的回忆。其次，它使一个人在年轻的时候更容易感到无聊。例如，考虑到儿童对职业的持续需求——无论是工作还是游戏，如果他们的工作和游戏都结束了，就会产生可怕的无聊感。即使在青年时期，人们也不可能摆脱这种倾向，他们害怕无事可做的时间。随着成年的到来，无聊感消失了；而老人则发现时间太短，他们的日子像弓箭一样飞快地过去了。当然，这些必须被理解为是在说人，而不是在说腐朽的畜生。随着时间的加快，无聊的感觉随着我们生命的增长而逐渐消失；由于激情和所有随之而来的痛苦都已沉睡，总体而言，晚年的生活负担要比青年时期明显减轻，当然，前提是健康依然存在。因此，紧接在老年虚弱和烦恼之前的时期，被称为人的最佳时期。

考虑到这些年的舒适感觉，这可能是一个真实的称谓；但是，在青年时期，当我们的意识活跃并对各种印象开放时，我们有这样的特权——那时播下了种子，发出了新芽；那是心灵的春天。深刻的真理可以被感知，但永远不能被激发出来，也就是说，对它们的第一次认识是直接的，由一些瞬间的印象唤起的。这种知识只有在印象强烈、生动和深刻的情况下才能达到；如果我们要熟悉深刻的真理，一切都取决于我们对早年生活的适当利用。在以后的生活中，我们可能更有能力在其他人身上——在这个世界上——工作，因为我们的本性在那时已经完成，变得圆润，不再是新观点的猎物；但那时世界对我们的工作能力就会降低，这些年是行动和成就的年代。而青年时期则是形成基本概念和奠定思想基础的时期。

在青年时期，最吸引我们的是事物的外在方面；而在老年时期，思考或反思是心灵的主要品质。因此，年轻时是诗歌的时代，而年老时则更倾向于哲学。在实际事务中也是如此：一个人在年轻时更多的是通过外部世界给他留下的印象来塑造自己的决心；而当他年老时，决定他行动的是思想。部分原因是，只有当一个人年老时，外在观察的结果才有足够的数量，可以根据它们所代表的思想进行分类，这一过程反过来又使这些思想在所有方面得到更充分的理解，并固定和确定对它们的确切价值和信任程度；同时，他已习惯于生活中各种现象所产生的印象，它们对他的影响已不再是原来那样。相反，在青年时期，事物所产生的印象，也就是说，生活的外在方面，是如此强烈，特别是对于那些性格活泼和富有想象力的人来说，他们看待世界就像看待一幅画；他们主要关心的是他们在其中的形象、他们所呈现的外表；不，他们没有意识到这一情况有多严重。这是一种心智的品质，如果没有其他方式的话，它将表现在个人的虚荣心和对精美衣服的喜爱上，这也是年轻人的特点。

毫无疑问，智力在年轻时最能承受巨大而持续的努力，最迟在 35 岁之前；从这一时期开始，它们的力量开始下降，尽管是非常缓慢的。然而，生命的晚年，甚至老年本身，也不是没有智力补偿。只有在那时，一个人才可以说是在经验或学识方面真正丰富了；那时他有足够的时间和机会，使他能够从各个方面观察和思考生活；他能够将一件事与另一件事进行比较，并发现接触点和连接点，因此只有在那时他才能正确地理解事物的真正关系。此外，到了老年，年轻时获得的知识更加深入；一个人现在对他可能获得的任何想法有了更多的说明；他年轻时认为自己知道的事情，现在他埋解了。此外，他的知识范围更广了；无论向哪个方向延伸，都是彻底的，因此形成了一个连贯的整体；而年轻时的知识总是有缺陷的和零散的。

任何未到老年的人都不可能对生命有一个完整和充分的概念；因为只有老人才能看到生命的全部，知道它的自然进程；只有他才能熟悉——这一点最重要——不仅像其他人类一样熟悉它的入口，而且熟悉它的出口。因此，只有他才能充分感受到它的完全虚无；而其他人则永远不会停止在错误的观念下工作，认为一切最终都会得到解决。

另一方面，年轻时有更多的感知能力。在那个时候，一个人可以从他所知道的一点儿东西中得到更多。在年龄上，判断力、洞察力和彻底性占主导地位。青年时期是为认识世界积累材料的时候，这种认识将是独特的和特殊的，换句话说，是一个天才的人留给他的同伴的遗产。然而，只有在晚年，他才成为他的材料的主人。因此，我们会发现，通常情况下，一个伟大的作家在50岁左右的时候会给世界带来他最好的作品。但是，尽管知识之树在结出果实之前必须达到它的全部高度，但它的根却在青年时期。

每一代人，无论其性格多么微不足道，都认为自己比紧随其后的一代人聪明得多，更不用说那些更遥远的人了。一个人一生中的不同时期也是如此；然而，在这一情况下往往比在另一情况下好，这是一个错误的观点。在身体成长的岁月里，当我们的思维能力和知识储备每天都在增加的时候，今天蔑视昨天就会成为一种习惯。这种习惯根深蒂固，甚至在智力开始衰退后仍然存在——当今天应该仰视昨天。因此，我们经常不适当地贬低我们年轻人的成就和判断。在这里，我们似乎可以提出这样一个普遍的看法：虽然一个人的智力或头脑以及他的性格或心灵的主要品质是与生俱来的，但前者的性质绝不是像后者那样不可改变的。事实上，智力会发生很多变化，而这些变化通常都会实际出现；之所以如此，一方面是因为智力在体质中有着深厚的基础，另一方面是因为它所处理的材料是在经验中得到的。因此，从身体的角度来看，我们发现，如果一个人有任何特殊的能力，它首先会逐渐增加力量，直到达到顶点，之后就会进入缓慢的衰退期，直到以低能结束。但是，另一方面，我们也不能忽视这样一个事实：给人的力量提供就业机会并使其保持活动的材料——思想和知识的主题、经验、智力成就、洞察事物本质的实践，以及完美的精神视野，本身就形成了一个持续增长的群体，直到弱点显现的时候，人的力量突然失效。这两种可区分的元素结合在同一性质中的方式—— 一种是绝对不可改变的，另一种是在两个相互对立的方向上变化的——解释了一个人在生命的不同时期所具有的各种精神态度和不同的价值。

同样的真理可以更广泛地表达出来，即生命的前四十年提供了文本，而剩下的三十年提供了注释；没有注释，我们就无法正确理解文本的真正意义和一致性，以及它所包含的道德和它所允许的所有微妙应用。

在生命即将结束的时候，发生了与芭蕾舞剧结束时相同的事情——面具被摘下。然后你可以看到那些真正的人，在你穿越世界的过程中与他们接触过的人。因为到了生命的尽头，人物的真面目已经显现出来，行动已经结出了果实，成就已经得到了正确的赞赏，所有的假象都摔得粉碎。为此，时间在任何情况下都是必要的。

但最奇怪的是，一个人也只有在生命结束时才真正认识和了解真正的自我，即他在生活中所追求的目标和对象，特别是他与其他人、和世界的那种关系。经常发生的情况是，由于这种认识的结果，一个人不得不把自己的位置定得比他以前认为的要低。但这一规则也有例外，偶尔也会出现这样的情况：他的地位会比以前更高。这是因为他对世界的卑微没有足够的概念，而且他为自己设定的目标比其他人类所遵循的更高。

生活的进步让人看到他是由什么东西组成的。

习惯上，人们称青年是人生的幸福，而老年是人生的悲哀。如果是激情使人快乐，这倒是真的。年轻时被激情所左右；它们给人带来大量的痛苦，却没有什么快乐。随着年龄的增长，激情逐渐冷却，使人处于休息状态，然后他的思想就会呈现出一种沉思的状态；理智被释放出来，占据了上风。因为智力本身就超越了痛苦的范围，只要智力是他的主要部分，人就会感到快乐。

只要记住所有的快乐都是消极的，而痛苦在本质上是积极的，就可以看出激情永远不会成为幸福的源泉，而老年也不会因为许多快乐被剥夺而更值得羡慕。因为每一种快乐都不过是某种需要或渴望的平静；快乐在需要停止时就应该结束，这并不像一个人在吃完饭后不能继续吃，或在休息了一夜后又睡着了那样，更值得抱怨。

柏拉图在《理想国》一书的开头说，人生最幸福的时期不是青年时期，而是老年时期。这句话显然很有道理，应该把奖赏给老年，因为那时人终于摆脱了迄今为止一直让他不安的动物激情。不，甚至可以说，源于这种激情的无数和多种幽默，以及由此产生的情绪，产生了一种温和的疯狂状态；只要人受到冲动的咒语——这种邪恶的精神就会持续下去，而这种冲动是无法摆脱的，因此，在激情熄灭之前，他永远不会真正成为一个有理性的人。

毫无疑问，总的来说，除了个别情况和特殊的性格外，青年是以某种忧郁和悲伤为特征的，而老年则是以和善的情感为特征的；其原因无非是年轻人仍在为邪恶的精神服务，不，是强迫劳动，这种精神几乎没有给他留下一点时间。几乎所有降临或威胁人类的疾病都可以直接或间接地追溯到这个来源。老人是和蔼可亲的，因为长期束缚在激情中，现在他可以自由地活动了。

　　然而，我们不应忘记，当这种激情被熄灭时，生命的真正内核就消失了，只剩下空洞的外壳；或者，从另一个角度来看，生命就像一场喜剧，由真正的演员开始，由穿着他们衣服的自动装置继续并结束。

　　不管怎么说，青年时期是不稳定的时期，而老年时期是平静的时期；从这一情况可以推断出属于每一种情况相对快乐的程度。孩子伸出小手，急切地想抓住所有映入眼帘的漂亮东西，他被这个世界迷住了，因为他的所有感官仍然如此年轻和新鲜。年轻人的情况也差不多，他在追求中表现出更大的能量。他也被所有漂亮的东西和围绕着他的许多令人愉快的形状所吸引；他的想象力马上就能想象出世界上永远无法实现的快乐。因此，他对不知道什么是快乐的东西充满了热切的渴望——剥夺了他所有的休息，使幸福成为不可能。但到了老年，这一切都结束了，部分原因是血液变冷，感官不再那么容易受到诱惑；部分原因是经验表明了事物的真正价值和快乐的徒劳，因此幻想被逐渐驱散，以前掩盖或扭曲自由和真实世界观的奇怪幻想和偏见也被驱散和驱赶。其结果是，一个人现在可以得到一个更公正、更清晰的观点，可以看到事物的本来面目，并在某种程度上对地球上所有事物的无效性有了或多或少的了解。

正是这一点使几乎每个老人，无论他的能力多么普通，都有了某种智慧的色彩，使他有别于年轻人。但所有这些变化的主要结果是随之而来的心灵的平静——这是幸福的一个重要因素，实际上也是幸福的条件和本质。年轻人幻想着世界上有大量的好东西，只要他能得到它们，而老人则沉浸在传道者的真理中，即所有的东西都是虚无的，他知道无论外壳多么金碧辉煌，坚果都是空的。

在这些晚年，而不是之前，一个人真正体会到了贺拉斯的格言：不足为奇。他直接并真诚地相信一切都很虚无，世界上所有的荣耀都是虚无的：他的幻想已经消失了。他不再被这样的想法所困扰，即在任何地方，在宫殿里或在小屋里，都有任何特定的幸福，就像他自己在没有身体或精神痛苦时享受的一样。世俗的大与小、高与低的区别对他来说不再存在；在这种幸福的心境中，老人可以微笑着俯视所有错误的观念。他完全没有被蒙蔽，他知道，无论做什么来装饰人类的生活，给它披上华丽的外衣，它微不足道的特性仍很快就会从周围的光环中显露出来；而且，无论人们如何描绘它，给它镶上珠宝，它在任何地方都是一样的——除了摆脱痛苦，它的存在没有真正的价值，而且永远无法通过快乐的存在来估计，更不用说展示了。

幻灭是老年的主要特征；因为到那时，那些赋予生活以魅力并刺激心灵活动的虚构已经消失了；世界的辉煌已经被证明是无效的和徒劳的；它的华丽、宏伟和壮丽已经褪色。这时，一个人发现，在他想要的大部分东西和他渴望的大部分快乐的背后，毕竟是很少的；于是他逐渐看到，我们的存在都是空虚的。只有在他 70 岁的时候，他才会完全理解传道者的第一句话；这也解释了为什么老人有时会烦躁不安，情绪低落。

人们常说，老年的共同命运是疾病和生活的疲惫。疾病绝不是老年的必要条件；尤其是在要达到真正长寿的情况下；因为随着生命的延续，健康和疾病的条件都会增加——crescente vita, crescit sanitas et morbus。至于疲惫或无聊，我在上面已经说过，为什么老年比青年更不容易受到这种形式的邪恶影响。无聊也绝不是孤独的必然伴随，由于不需要解释的原因，老年当然无法逃脱这种孤独；相反，它是等待那些除了感官满足和社会乐趣之外从未了解过任何其他乐趣的人的命运——他们的思想没有得到启迪，他们的能力没有得到利用。诚然，随着年龄的增长，智力能力会下降；但如果智力能力原本就很强，总会有足够的能力来对抗无聊的冲击。然后，正如我所说的，经验、知识、思考和与人打交道的技巧结合起来，使一个老人对世界的方式有了越来越准确的洞察力；他的判断力变得敏锐，对生活有了一致的看法：他的精神视野涵盖了更广泛的范围。他不断为自己的知识储备找到新的用途，并利用一切机会加以补充，他不间断地保持着自我教育的内在过程，这给心灵带来了就业和满足，从而形成了所有努力的应有回报。

所有这些在某种程度上都是对智力下降的一种补偿。此外，正如我所说的，当我们年事已高时，时间似乎过得更快；这本身就是对无聊的一种预防。一个人在年老时体力下降并无大碍，除非他确实需要体力来谋生。当一个人年老时变得贫穷，是一种巨大的不幸。如果一个人能够避免这种情况，并保持健康，那么老年可能是一个非常好的人生阶段。它的主要需求是舒适和富裕；因此，金钱比以往任何时候都更受重视，因为它可以替代衰弱的力量。被维纳斯遗弃的老人喜欢求助于巴克斯来使他快乐。取而代之的是想要看东西、旅行和学习的欲望，以及想要说话和教书的欲望。如果老人还保留着对学习、音乐或戏剧的热爱，如果他总体上对周围的事物还有些敏感，那就是一种幸运；事实上，有些人到了晚年就会这样。在那时候，一个人本身拥有的东西对他来说比以前更有好处。

毫无疑问，大多数人除了沉闷和愚蠢之外，随着年龄的增长，会变得越来越像自动人偶。他们总是和他们的邻居想的、说的、做的一样；现在发生的任何事情都不能改变他们的性情，也不能使他们做出不同的行为。与这种老人交谈就像在沙子上写字，如果你产生了任何印象，它几乎立即就消失了；老年在这里只不过是生命的停顿，所有对男子汉至关重要的东西都已消失。在有些情况下，自然界为老年提供了第三副牙齿，从而明显地证明了这一时期的生命是第二个童年的事实。

一个人随着年龄的增长，所有的能力都趋于枯竭，而且速度越来越快，这当然是一件非常令人忧伤的事情。但是，这仍然是一个必要的，不，是一个有益的安排，因为它是一个准备，否则，死亡将是难以忍受的。因此，进入极度老年后最大的好处就是安乐死——轻松地死亡，不受疾病的影响，没有任何痛苦和挣扎。因为，无论一个人活多久，他都不会意识到任何时刻，只有当下，一个不可分割的时刻；在那些晚年，心灵每天因纯粹的遗忘而失去的东西比重新获得的东西更多。

青年和老年之间的主要区别永远是：青年期待着生活，老年期待着死亡；前者的过去短暂，后者的未来漫长。的确，当一个人年老时，等待他的只有死亡；而如果他年轻，他可能会期望活下来。问题是这两种命运中哪一种更危险，如果生命不是一个总体上比之前更好的问题，那就会出现这个问题。传道者不是说：死亡的日子比出生的日子更好吗？希望长寿当然是一件轻率的事情；因为正如西班牙谚语所说，这意味着要看到很多邪恶的东西——长寿的人活得很糟糕。

在《吠陀奥义书》之一中，人类的自然寿命被认为是100年。我相信这是对的。我观察到，事实上，只有超过90岁的人才能达到安乐死。也就是说，他们不是死于疾病、中风或抽搐，而是没有任何痛苦地离开人世，不，他们有时甚至没有表现出苍白，而是一般以坐姿死去，而且往往是在饭后，或者，我可以说，只是停止了生活而不是死亡。在90岁之前结束生命，意味着死于疾病，换句话说，就是过早地死去。

现在，《旧约》将人的寿命限制在70岁，如果非常长，则为80岁；更值得注意的是，希罗多德也说了同样的话。但这是错误的；而这个错误仅仅是由于对日常经验中结果的粗略和肤浅的估计。因为如果生命的自然长度是70到80岁，人们就会在那个时候死于单纯的老年。现在情况肯定不是这样的。如果他们在那时死亡，他们会像年轻人一样，死于疾病；而疾病是不正常的。因此，在那个年龄段死亡是不自然的。只有在90到100岁之间，人们才会因年老而死亡；我的意思是，在没有任何疾病的情况下死亡，也没有表现出任何特殊的症状，如挣扎、死亡鸣叫、抽搐、脸色苍白，所有这些都不能构成安乐死。人类生命的自然长度是一百年；奥义书对这一限度的规定是正确的。

一个人的职业生涯并不像占星学所希望的那样，可以通过对行星的观察来预测；但就人类生活的各个时期而言，一般来说，人类生活的过程可以比作行星的演化，因此，我们可以说是在每个行星的影响下依次经过。

10 岁时，水星在上升星座；在这个年龄段，一个青年，就像这颗行星一样，其特点是在一个狭窄的范围内极富流动性，琐事对他有很大的影响；但在如此狡猾和雄辩的神的指导下，他很容易取得巨大的进步。金星在他 20 岁的时候开始摇摆，然后一个男人就完全被女人的爱所征服。30 岁时，火星走到前台，他现在精力充沛，力大无穷——大胆、好斗、傲慢。

当一个人到了 40 岁，他就在四个小行星的统治之下；也就是说，他的生命已经获得了一些延伸。他很节俭，换句话说，在瑟雷斯的帮助下，他喜欢有用的东西；在维斯塔的影响下，他有自己的炉灶；帕拉斯教给他必要的知识；他的妻子——他的朱诺——作为他家的女主人掌权。

但在 50 岁时，木星是主导的影响。在这个时期，一个人已经超过了他同时代的大多数人，他可以感觉到自己比他周围的一代人更优越。他仍在充分享受他的力量，并拥有丰富的经验和知识；如果他有自己的任何权力和地位，他被赋予了对所有站在他周围的人的权威，他不再倾向于接受别人的命令；他想自己来指挥。现在最适合他的工作是在自己的范围内指导和统治。这是木星的巅峰之处，也是 50 岁的人处于最佳状态的地方。

然后是土星，大约在 60 岁的时候，像铅一样重，沉闷而缓慢：

可是年纪老的人，大多像死人一般，

手脚滞钝，呼唤不灵，慢腾腾地没有一点精神。

最后是天王星；或者，正如俗话所说，一个人去天堂。

我无法为海王星找到一个位置，因为这颗行星被非常不经意地命名；因为我可能不会称它为它应该被称为的名称——爱神。否则，我应该指出开始和结束是如何结合在一起的，以及爱神与死亡是如何紧密地联系在一起的：亡神，或者埃及人所谓的冥界，是如何不仅是万物的接受者，而且是万物的给予者。死亡是生命的大水库。一切都来自亡神；现在活着的一切都曾经在那里。如果我们能理解其中的伟大诀窍，一切就都清楚了。

旅行的意义

它们只是杂草,

只是因为无法摆脱它们而被留下来。

然而, 如果没有这些花,

在那片荒芜的茎叶中就没有什么可以吸引人的目光。

它们是诗歌和艺术的象征,

它们在公民生活中扮演着与玉米中的花朵相同的角色。

在一片成熟的玉米地里，我走到一片被无情的脚踩倒的地方；当我在无数的茎秆中扫视时，每一根都是一样的，如此直立地站在那里，承受着玉米穗的全部重量，我看到了许多不同的花朵，有红色的、蓝色的、紫色的。它们和它们的小叶子一起自然地生长在那里，看起来多么漂亮啊。但是我想，它们完全没有用处，它们不结果实；它们只是杂草，只是因为无法摆脱它们而被留下来。然而，如果没有这些花，在那片荒芜的茎叶中就没有什么可以吸引人的目光。它们是诗歌和艺术的象征，它们在公民生活中——如此严酷，但仍然有用，而且并非没有成果——扮演着与玉米中的花朵相同的角色。

世界上有一些真正美丽的风景，但其中的人物却很可怜，你最好不要去看它们。

苍蝇应该被用作无礼和胆大妄为的象征；因为当所有其他动物都避开人类，甚至在人类靠近它们之前就跑开的时候，苍蝇却在他的鼻子上发光。

两个在欧洲旅行的中国人第一次去了剧院。其中一个人除了研究机器之外什么都没做，他成功地发现了机器是如何工作的。另一个人尽管对语言一窍不通，但还是试图了解作品的含义。这里有天文学家和哲学家。

只在理论上，从未付诸实践的智慧，就像一朵双生玫瑰；它的颜色和香味令人愉快，但它会枯萎，不留种子。

没有玫瑰就没有刺。是的，但很多人有刺而无玫瑰。

一棵宽大的苹果树盛开着，在它的后面，一棵笔直的冷杉抬起了它黝黑而细长的头。苹果树说，你看，我身上到处都是成千上万的花，你有什么好比的？深绿色的针叶！这倒是真的，冷杉回答说，但是当冬天来临的时候，你就会褪去你的光辉；而我仍会像现在这样。

有一次，我在一棵橡树下研究植物，在其他一些高度相似的植物中发现了一种颜色深的植物，它的叶子紧闭，茎部非常直而硬。当我触摸它时，它用坚定的语气对我说：让我一个人待着吧，我不适合你的收藏。像这些植物一样，大自然只给了它们一年的生命。而我是一棵小橡树。

对于一个影响力将持续数百年的人来说，也是如此。作为一个孩子，作为一个青年，甚至作为一个成年男子，不，他的整个生命，他在他的伙伴们中间走来走去，看起来像他们一样，似乎不重要。但让他独自一人，他不会死。时间会到来，并带来那些知道如何重视他的人。

乘坐气球升空的人并不觉得自己在升空，他只看到地球在他脚下越陷越深。

有一种神秘的东西，只有那些感受到它真相的人才会明白。

你对一个人体型的估计会受到你与他之间距离的影响，但根据你所考虑的是他的身体还是他的精神身材，会有两种完全相反的方式。你离得越远，一个人就会显得越小；另一个人则更大。

　　大自然在她所有的作品上都涂了一层美丽的清漆，就像桃子或李子表面上的温柔绽放一样。画家和诗人都是为了脱掉这层清漆，把它储存起来，让我们在闲暇时欣赏。在我们进入生活本身之前，我们已经深深地喝下了这种美；而当我们后来亲眼看到大自然的作品时，清漆已经消失了：艺术家们已经用完了它，而我们已经提前享受了它。因此，世界常常显得很残酷、没有魅力，甚至令人厌恶。最好让我们自己去发现清漆。这意味着我们不应该一下子大量地享受它；我们不应该有完成的图画，不应该有完美的诗歌。但我们应该用那种和蔼可亲的光线来看待所有的事物，即使现在一个自然界的孩子有时也会看到它们——一些没有通过艺术的帮助来预期他的审美乐趣的人，或者过早地接受生活的魅力。

❧

马扬斯的大教堂被周围的房屋所包围，以至于没有一个地方可以让你看到它的整体。这是世界上一切伟大或美丽事物的象征。它应该只为自己的目的而存在，但不久之后，它就被滥用于为外来目的服务。人们从四面八方赶来，想在它身上找到对自己的支持和维护；他们挡在路上，破坏了它的效果。当然，这并不令人惊讶，因为在一个需要和不完美的世界里，一切可以用来满足需求的东西都被抓住了。没有任何东西可以免于这种服务，不，甚至那些只有在需要和匮乏被暂时忽视时才会出现的东西——美丽和真实，为它们自己的目的而寻找。

这一点在一些机构中得到了特别的说明和证实——无论这些机构是大是小，是富是穷，无论在哪个世纪或哪个国家建立，都是为了维护和促进人类的知识，并且通常是为了帮助那些提高种族地位的智力努力。无论这些机构在哪里，不久人们就会在希望促进这些特殊目的的幌子下偷偷摸摸地去找它们，而他们真正的目的是获得为促进这些机构而留下的报酬，从而满足自己的某些粗暴和野蛮的本能。因此，我们在每一个知识领域都有这么多的江湖骗子。骗子因情况不同而有不同的形态，但归根结底，他是一个对知识本身毫不关心的人，他只是想努力获得知识的外表，以便为自己的个人目的而使用它，而这些目的总是自私的和物质的。

每个英雄都是一个参孙。强者屈服于弱者和众人的阴谋；如果最后他失去了所有的耐心，就会把他们和自己都击垮。或者他就像小人国的格列佛一样，被数量众多的小人所淹没。

一位母亲给她的孩子们读《伊索寓言》，希望能教育和改善他们的思想；但他们很快就把书拿回来了，其中最大的那个聪明过人，他说："这本书不适合我们，它太幼稚了。这本书不适合我们，它太幼稚和愚蠢了。你不能让我们相信狐狸、狼和乌鸦会说话；我们已经不读这样的故事了！"

在这些年轻的希望之星中，你们拥有未来的开明理性主义者。

在冬天的一个寒冷的日子里，一些豪猪挤在一起取暖；但是，当它们开始用它们的刺互相刺伤时，它们不得不散开。然而，寒冷又把它们赶到一起，这时又发生了同样的事情。最后，经过多次蜷缩和分散，它们发现彼此保持一定的距离是最好的选择。同样，对社会的需要促使人类豪猪聚集在一起，但却因彼此天性中那些带刺和令人不快的品质相互排斥。他们最终发现，适度的距离是唯一可以容忍的交往条件，这就是礼貌和礼仪的准则；而那些违反准则的人被粗暴地告知——用英语的说法——要保持距离。通过这种安排，双方对温暖的需求只能得到非常适度的满足；但这样人们就不会被刺伤。一个人如果自己有一些热量，就宁愿待在外面，在那里他既不会刺伤别人，也不会被别人刺伤。

天才比普通人
更具美德

一个天才具有双份的理智，

一份是为他自己准备并服务于意志的，

另一份是为世界准备的，

这份理智使他变成一面镜子，

以反映出他对世界的纯粹客观的态度。

没有任何等级、地位或出身的差别，能把无数只用脑袋为肚子服务的人，换句话说，把它看成是意志的工具的人，与那些有勇气说下面这些话的人区分开来："不！这太好啦！我的脑袋只为它自己服务；它将努力理解这个世界的奇妙和多样的景象，然后把它以某种形式再现出来。不！这太好啦！我的脑袋只为它自己服务；它将努力理解这个世界奇妙而多样的景象，然后以某种形式再现它，无论是艺术还是文学，都可能符合我作为一个人的特征。"这些是真正的贵族，是世界上真正的贵族。其他的人是农奴，随土壤而去——农民和土地是一体的，他们没有离开那片土地的权利。当然，我在这里指的是那些不仅有勇气，而且有号召力，因此也有权利，命令脑袋退出意志的服务的人；结果证明，这种牺牲是值得的。对于那些所有这一切只能部分适用的人来说，差距没有那么大；但即使他们的才能很小，只要是真实的，在他们和千百万人之间总会有一条鲜明的分界线。

一个民族所产生的美术、诗歌和哲学作品，是存在于这个民族中的多余的智力的结果。

天才有双重智力，一个是为自己服务，为自己的意志服务；另一个是为世界服务，由于他对世界的纯客观态度，他成为世界的镜子。天才所创作的艺术、诗歌或哲学作品，只是这种沉思态度的结果或精髓，并被按照某些技术规则加以阐述。

另一方面，正常人只有单一的智力，与天才的客观智力相比，可以称之为主观的。无论这种主观智力多么敏锐——它存在于各种不同的完美程度中——它与天才的双重智力永远不在同一水平线上；就像人声的开胸音，无论多么高，都与假声音有本质区别。这些，就像长笛的两个上八度和小提琴的谐音一样，是由空气柱分成两半振动产生的，它们之间有一个节点；而人声的开胸音和长笛的下八度是由未分割的空气柱作为一个整体振动而产生的。这个例子可以帮助读者理解天才的特殊性，这种特殊性明确无误地印在有天赋的人的作品上，甚至印在其相貌上。同时，显而易见的是，像这样的双重智力，通常必须阻碍意志的服务；这也解释了天才在生活中经常表现出的不良能力。天才的特殊之处在于，它没有那种清醒的脾气，而这种脾气在普通的简单智力中总是可以找到的，无论它是敏锐还是迟钝。

大脑可以被比喻为一种寄生虫，它作为人体框架的一部分得到滋养，而不直接对其内部经济做出贡献；它被安全地安置在最顶层，并在那里过着自给自足的独立生活。同样，可以说，一个被赋予巨大精神天赋的人，除了所有人都有的共同的个人生活之外，还过着第二种生活，纯粹是智力的。他致力于不断增加、纠正和扩展，这不是单纯的学习，而是真正的系统知识和洞察力；只要不干扰他的工作，他就不会被笼罩在他个人身上的命运所触动。因此，这种生活能提高一个人的地位，使他超越命运及其变化。总是思考、学习、实验、实践他的知识，这个人很快就会把这第二种生活看作是其存在的主要方式，而把他单纯的个人生活看作是从属的东西，只是为了推进比自己更高的目标。

歌德提供了一个关于这种独立、单独存在的例子。在香槟区的战争中，在军营的喧嚣中，他为他的颜色理论进行了观察；一旦战争中的无数灾难允许他在卢森堡的堡垒中短暂停留，他就拿起他的《论色彩学》手稿。这是我们这些社会中坚应该努力效仿的榜样，无论世界的风暴如何侵袭和搅动我们的个人环境，我们都不要让任何事情干扰我们对知识生活的追求；要始终牢记我们是儿子，不是女奴的儿子，而是自由的儿子。我建议将一棵被风吹得摇摇欲坠但每根树枝上仍结着红润果实的树作为我们的会徽和纹章，并写上"风愈围之，果愈熟之"或"风摇树动，果实累累"。

个人的这种纯粹的智力生活在整个人类中是有对应的。因为在那里，真正的生活也是意志的生活，在这个词的经验性和超验性的意义上都是如此。人类纯粹的智力生活在于它通过科学增加知识的努力，以及它对完善艺术的渴望。因此，科学和艺术从一代人到另一代人都在缓慢前进，并随着世纪的增长而增长，每个种族都在匆匆忙忙地提供它的贡献。这种知识分子的生活，就像来自天堂的一些礼物，在世界的骚动和运动中徘徊；或者说，它是一种从发酵本身发展出来的带有甜味的空气——人类的真正生活，由意志所支配；与国家的历史并肩而行，哲学、科学和艺术的历史以其无辜和不流血的方式进行。

天才和普通人之间的差异无疑是一种数量上的差异，因为它是一种程度上的差异；但我想把它也看作是质量上的差异，因为普通人的思想，尽管有个体差异，但作为某种倾向性的思考是一样的。因此，在类似的场合，他们的思想马上就会采取类似的方向，在相同的路线上运行，这就解释了为什么他们的判断总是一致的——然而，并不是因为他们是基于真理的。这种情况发展到如此地步，以至于某些基本观点在人类中一直存在，并且总是被重复和重新提出，而所有时代的伟大思想都在公开或秘密地反对它们。

天才是一个人，在他的头脑中，世界就像镜子中的物体一样，比普通人更清晰，轮廓更分明。人类可以从他那里获得最多的指导；因为对最重要事情的最深刻洞察，不是通过对细节的观察，而是通过对事物整体的仔细研究来获得的。如果他的思想达到成熟，他所提供的指导将以一种形式传达，现在又以另一种形式传达。因此，天才可以被定义为对一般事物的非常清晰的意识，因此，也是对与之相对立的事物，即自己的意识。

全世界都在仰望这样的人，并期待着能学到一些关于生命和其真实性质的东西。但是，必须有几个非常有利的环境结合起来才能产生天才，而这是非常罕见的事件。只有现在才会发生，比如说一个世纪才会发生一次，一个人的智力如此明显地超过了正常的尺度，以至于相当于第二种能力，这种能力似乎是偶然的，因为它与意志没有任何关系。他可能保持很长一段时间而不被承认或欣赏，因为愚蠢阻止了这一点，而嫉妒阻止了另一点。但是，如果这种情况一旦发生，人类就会拥挤在他和他的作品周围，希望他能够启迪他们存在的某些黑暗，或者告诉他们有关情况。他的信息在某种程度上是一种启示，而他本人也是一种更高的存在，尽管他可能只比普通的标准高一点。

像普通人一样，天才主要是为自己而存在的。这是他的本质：一个既不能避免也不能改变的事实，他对别人来说，可能是一个偶然的、次要的问题。在任何情况下，人们从他的头脑中得到的只是一种反映，而且只有在他与人们一起试图将他的思想灌输到他们的头脑中时才会如此。然而，在那里，它永远只是一种外来的植物，发育不良，身体虚弱。

为了拥有原创的、不寻常的，甚至是不朽的思想，只需将自己与事物的世界完全隔开片刻，使最普通的物体和事件显得相当新奇和陌生。通过这种方式，它们的真实性质就会被揭示出来。这里所要求的，也许不能说是困难的，因为它根本不在我们的能力范围内，而只是天才的范畴。

天才自己能产生原创性的思想，就像女人自己能生孩子一样。外在的环境必须使天才结出硕果，并成为其后代的父亲。

天才的思想在其他思想中就像红玉在宝石中一样：前者发出自己的光芒，而后者只能反射它们接到的光。天才与普通思想的关系也可以描述为一个异体电体与一个仅仅是电的导体的关系。

仅仅有学问的人，一生都在传授他所学的东西，严格来说，不能称之为天才；就像特异功能体不是导体一样。不仅如此，天才与单纯的学问相比，就像歌曲中的歌词与音乐一样。有学问的人是指学识渊博的人；而天才是我们从他那里学到了无法向其他人学习的东西。因此，伟大的思想（亿万人中几乎没有一个）是人类的灯塔；没有他们，人类将在无边无际的错误和困惑的海洋中迷失自己。

因此，严格意义上的普通学者——比如说，普通的教授——看待天才就像我们看待野兔一样，野兔被杀后烹饪一下就可以吃。只要它还活着，它就只适合于射击。

　　希望从同时代人那里获得感激的人，必须根据他们的步伐调整自己的步伐。但是，伟大的事情永远不会以这种方式产生。想做大事的人必须把目光投向后人，并以坚定的信心为后人阐述他的工作。毫无疑问，其结果可能是，他的同时代人对他仍然一无所知，就像一个被迫在一个孤岛上度过一生的人，费尽心思在那里建立了一座纪念碑，向未来的航海者传递他存在的知识。如果他认为这是个艰难的命运，那就让他安慰自己，反思一下，那些只为实际目的而生活的普通人也经常遭受类似的命运，而没有任何补偿的希望。因为在有利的条件下，他可能一生都在从事物质生产，每天都在挣钱、买东西、建造、施肥、布局、建立、美化，并一直认为他是在为自己工作；但最后收获这一切的是他的子孙，有时甚至不是他的子孙。天才的人也是如此；他也希望得到自己的回报，至少得到荣誉，但最后发现他只是在为后人工作。可以肯定的是，两人都从他们的祖先那里继承了大量的东西。

　　我所提到的天才特权的补偿，不在于它对别人是什么，而在于它对自己是什么。在任何真正意义上，有哪一个人比其思想时刻在几个世纪的喧嚣中发出回声的人活得更久？也许，归根结底，对一个天才来说，最好的办法就是不受干扰地占有自己，用他的一生来享受自己的思想、自己的作品的乐趣，而只把世界看作是他丰富存在的继承人。这样，世界就会在他死后才发现他存在的痕迹，就像发现伊克诺尔石的痕迹一样。

天才不仅在其最高权力的活动中超过了普通人。一个人如果身体异常结实、柔韧和敏捷，就会异常轻松地完成所有的动作，甚至是舒适地完成所有的动作，因为他对自己特别擅长的活动有一种直接的乐趣，因此常常不顾一切地锻炼它。此外，如果他是一个杂技演员或舞蹈演员，他不仅会做出其他人无法完成的跳跃，而且在那些其他人也能完成的较容易的步骤中，甚至在普通的行走中，他也会表现出罕见的弹性和敏捷性。同样地，一个思想超群的人不仅会产生别人无法产生的思想和作品；他将不仅仅在这里显示他的伟大；而且由于知识和思想对他来说是一种自然和容易的活动方式，他也会在任何时候都以它们为乐，因此他对其他思想范围内的小事的理解比别人更容易、更迅速和更正确。因此，他将对每一个知识的增长、每一个问题的解决、每一个机智的想法，无论是他自己的还是别人的，都感到直接而生动的快乐。因此，他的思想除了不断地活跃之外，没有别的目标。这将是一个取之不尽、用之不竭的快乐之泉；而无聊，这个困扰着普通人的幽灵，永远无法靠近他。

那么，过去和当代天才人物的杰作也只为他自己而存在。如果一个伟大的天才作品被推荐给普通的、简单的头脑，它就会像痛风患者被邀请参加舞会一样，无法从中得到任何乐趣。一个是出于礼节勉强去看，一个是为了不被人视为无知才去阅读。拉布吕耶尔说得很对，他说世界上所有的智慧在没有智慧的人身上都会消失。一个有才华的人或一个天才的整个思想范围，与普通人的思想相比，即使是针对本质上相同的对象，也是如此；就像一幅辉煌的油画，与一幅单纯的轮廓或水彩画的弱小草图相比，充满了生命力。

所有这些都是对天才的奖励的一部分，也是对他在一个与他没有共同点和同情心的世界上孤独生活的补偿。但是，由于大小是相对的，无论我说凯斯是一个伟大的人，还是凯斯不得不生活在可怜的小人物中间，都是一样的，因为大人国和小人国的区别只在于它们的出发点。那么，无论多么伟大，无论多么令人钦佩或具有启发性，久远的后人可能认为是不朽作品的作者，在他的一生中，在他同时代的人看来是渺小的、可悲的、平淡无奇的。这就是我所说的，从塔底到塔顶有三百度，从塔顶到塔底也正好有三百度。因此，伟大的思想欠小人物一些宽容；因为只有凭借这些小思想，他们自己才是伟大的。

因此，如果我们发现天才的人一般不善于交际和令人讨厌，我们不要感到惊讶。这并不是他们不善于交际的缘故。他们在这个世界上的道路就像一个在明亮的夏日早晨去散步的人一样。他高兴地注视着大自然的美丽和清新，但他不得不完全依靠大自然来娱乐，因为除了农民弯腰种地，他找不到任何社会。通常的情况是，一个伟大的思想家更喜欢独白，而不是他在这个世界上可能有的对话。如果他偶尔屈尊于对话，那么对话的空洞可能会使他回到他的独白中；因为他忘记了他的对话者，或者不关心他是否理解，他对他说话就像一个孩子对一个娃娃说话。

毫无疑问，一个伟大思想中的谦虚会让世界感到高兴；但不幸的是，它是一个矛盾的形容词。它将迫使一个天才给百万人的思想和观点，不，甚至是方法和风格，以优先于他自己的思想和观点，给他们设定更高的价值；而且，尽管他们之间有很大的差距，但要使他的观点与他们的观点相协调，甚至被他们完全压制，以便让其他人占据领域。然而，在这种情况下，他要么什么都不做，要么他的成就就会与他们平起平坐。只有当作者不顾同时代人的方法、思想和意见，不顾他们的批评，静静地继续工作，鄙视他们所赞扬的东西时，才能完成伟大的、真正的和非凡的工作。如果没有这样的傲慢，就没有人能成为伟大的人。如果他的生活和工作落在一个无法认识和欣赏他的时代，他至少是忠于自己的；就像一些高贵的旅行者被迫在一个悲惨的旅馆过夜；当早晨来临，他仍满足地走自己的路。

如果一个诗人或哲学家只允许他在自己的角落里不受干扰地做自己的工作，那么他就不应该对自己的年龄有任何不满；如果被授予他的角落允许他遵循自己的天职而不必考虑其他人，那么他也不应该对自己的命运有任何不满。

大脑只是为肚子服务的劳动者，这的确是几乎所有不靠双手工作的人的共同命运；而且他们对自己的命运远没有感到不满。但是，对于一个心智高超的人来说，这让他感到绝望，因为他的脑力超出了为意志服务所必需的程度；如果有必要，他宁愿生活在最狭窄的环境中，只要这些环境能让他自由地利用时间来发展和应用他的能力。换句话说，如果这些环境能给他带来对他来说是无价的休闲。

普通人则不然：对他们来说，休闲本身没有任何价值，实际上也不是没有危险的，这些人似乎都知道。我们这个时代的技术工作做得空前完美，通过增加和繁殖奢侈品的对象，给财富的宠儿们提供了一个选择，一方面是更多的休闲和文化，另一方面是更多的奢侈和良好的生活，但活动增加；而且，根据他们的性格，他们选择后者，喜欢香槟而不是自由。他们的选择是一致的；因为对他们来说，凡是不为意志目标服务的思想努力都是愚蠢的。他们把为自身利益而做出的智力努力称为怪癖。因此，坚持意志和腹部的目标具有同心性；而且，可以肯定的是，意志是世界的中心，是世界的核心。

但在一般情况下，很少会出现这样的选择。因为在金钱方面，大多数人都没有多余的钱，只够他们的需要，在智力方面也是如此；他们拥有的只是足以为意志服务的东西，也就是说，足以进行他们的业务。在发了财之后，他们满足于瞠目结舌，或沉溺于感官享受或幼稚的娱乐，打牌或掷骰子；或以最无趣的方式交谈，或打扮得花枝招展，互相奉承。而那些甚至只有一点儿多余的智力的人是多么的少啊！他们也像其他的人一样，把自己当作一个人。像其他人一样，他们也把自己当作一种乐趣，但这是一种智力上的乐趣。他们或者从事一些能使他们一无所获的通识研究，或者练习一些艺术，总之，他们能够对事物产生客观的兴趣，这样就有可能与他们交谈。但对于其他人，最好不要建立任何关系。因为，除非他们讲述自己的经验成果，或者介绍自己的特殊职业，或者无论如何都要传授他们从别人那里学到的东西，否则他们的谈话不值得一听；如果有人对他们说什么，他们很少能正确地掌握或理解，而且在大多数情况下会与他们自己的观点相左。巴尔塔沙·葛拉西安非常醒目地将他们描述为"不是人的人"。布鲁诺也说："与那些只是按照他们的形象和样式制造的人相比，与人打交道是多么的不同啊！"这段话与《库拉尔》中的那句话多么奇妙地一致。普通人看起来像人，但我从来没有见过非常像他们的东西。如果读者考虑到这些观点在思想上甚至在表达上的一致程度，以及它们之间在时间和国籍上的巨大差异，他就不会怀疑它们与生活的事实是一致的。大约二十年前，我试图制作一个鼻烟盒，盒盖上应该有两个精美的栗子，如果可能的话，用马赛克来表示；再加上一片叶子，表明它们是马栗子，这当然不是受这些段落的影响。这个符号是为了让我的脑海中不断浮现这个想法。如果有人想找点娱乐，比如说，以防止他在独处时感到孤独，我会推荐他与狗为伴，它们的道德和智力品质几乎可以让这个人感到愉悦和满足。

尽管如此，我们仍应始终注意避免不公正。我经常为我的狗的聪明而惊讶，有时也为它的愚蠢而惊讶；我对人类也有类似的经历。无数次，在对他们的无能、他们的完全缺乏辨别力、他们的兽性感到愤慨时，我不得不重复那句古老的抱怨：愚蠢是人类的母亲和护士。

但在其他时候，我也感到震惊，从这样一个种族中竟然产生了如此多的艺术和科学，有如此多的用途和美感，尽管产生它们的总是少数人。然而，这些艺术和科学已经生根发芽，建立并完善了自己；尽管世界上发生了所有的邪恶和暴行，但这个种族以顽强的忠诚将荷马、柏拉图、贺拉斯和其他人的创作保存了几千年，复制并珍藏了他们的著作，从而使他们免于被遗忘。因此，这个种族已经证明，它欣赏这些东西的价值，同时它可以形成对特殊成就的正确看法，或估计判断力和智慧的迹象。当这种情况发生在那些属于大群的人中时，它是通过一种灵感来实现的。有时，众人自己也会形成一个正确的观点；但这只是在赞美之声已经变得充分和完整的时候。这时，它就像未经训练的声音；只要有足够多的人，它总是和谐的。

那些从芸芸众生中脱颖而出的人，那些被称为天才的人，只是整个人类清醒的间隔。他们实现了其他人不可能实现的目标。他们的独创性是如此之大，以至于不仅他们与其他人的差异是明显的，而且他们的个性也表现得如此强烈，以至于所有曾经存在过的天才人物，每一个人都显示出性格和思想的特殊性；因此，他作品中的天赋是所有人中只有他才能向世界展示的。这就是阿里奥斯托的那个比喻如此真实、如此令人称道的原因。大自然给一个天才盖了章后，又把模具弄坏了。

但人的能力总是有限度的，没有人可以成为一个伟大的天才而不存在一些明显的弱点，甚至可能是一些智力上的狭隘。换句话说，在某些方面，他现在和将来都会比那些天赋适中的人差。这将是一种能力，如果强大的话，可能会成为行使他所擅长品质的障碍。这个弱点是什么，即使在一个特定的案例中，也很难准确地定义。它可以被间接地表达出来。因此，柏拉图的弱点正是亚里士多德的强项，反之亦然；同样，康德的不足之处也正是歌德的伟大之处。

现在，人类喜欢崇敬某些东西；但他们的崇敬通常指向错误的对象，而且一直如此，直到后人来纠正它。但是，受过教育的公众很快就会在这一点上得到纠正，而对天才的尊敬就会退化；就像信徒对圣人的尊敬很容易变成对其遗物的轻浮崇拜。成千上万的基督徒崇拜圣人的遗物，而他们对圣人的生平和教义却一无所知；成千上万的佛教徒的宗教信仰更多在于对圣牙或某些类似物体的崇拜，或盛放它的容器，或圣碗，或化石脚印，或佛祖种植的圣树，而不是对其崇高教义的彻底了解和忠实实践。彼特拉克在阿尔奎的房子、塔索在费拉拉的所谓监狱、莎士比亚在斯特拉特福的房子和他的椅子、歌德在魏玛的房子和其中的家具、康德的旧帽子、伟人的亲笔签名，这些东西被许多从未读过他们作品的人感兴趣和敬畏地凝视着。他们除了目不转睛之外，什么也做不了。

他们中的聪明人希望看到惯常出现在伟人眼前的物品。通过一种奇怪的幻觉，这些人产生了一种错误的观念，认为他们通过这些物品带回了伟人本人，或者伟人的某些东西一定附着在它们身上。与这种人相似的是那些认真努力了解诗人作品主题的人，或解开他生活中暗示特定段落的个人情况和事件的人。这就好比剧院里的观众在欣赏了一个美好的场景后，又冲上舞台去看支撑它的脚手架。在我们这个时代，有足够多的这种批判性调查的例

子，它们证明了这样一句话的真实性：人类感兴趣的不是作品的
形式，也就是它的处理方式，而是它的实际问题。它所关心的只
是主题。阅读一个哲学家的传记，而不是研究他的思想，就像忽
视一幅画，只关注它的框架风格，争论它的雕刻是好是坏，以及
它镀金的成本是多少。

这一切都很好。然而，还有一类人，他们的兴趣也是针对物
质和个人的考虑，但他们走得更远，并把它带到了一个绝对徒劳
的地步。因为一个伟大的人向他们开放了他内心深处的宝藏，并
通过他能力的最高努力，产生了一些作品，这些作品不仅有利于
他们的提升和启蒙，而且还将使他们的后代受益到第十代和第
二十代。因为他给人类带来了无与伦比的礼物，那些变种人认为
自己有理由对他的个人道德进行评判，如果他们不能在这里或那
里发现他的某些闪光点，以抚慰他们在看到如此伟大的思想时感
受到的痛苦，与他们自己的虚无感相比，这是很合理的。

这就是所有那些在无数书籍和评论中进行的关于歌德生活道
德方面的冗长讨论的真正来源，包括他是否不应该与他年轻时爱
上的某个女孩结婚；同样包括他是否不应该诚实地致力于为他的
主人服务，而应该成为一个人民的人、一个德国的爱国者，值得
在保罗教堂有一个座位；等等。这种哭哭啼啼的忘恩负义和恶意
诋毁证明，这些自命不凡的法官在道德上和智力上一样是个大傻

瓜，这是很有道理的。

一个有才华的人将努力争取金钱和名誉；但推动天才创作的源泉却不那么容易命名。财富很少是它的回报。它也不是声誉或荣耀；只有法国人才有这个意思。荣耀是一种不确定的东西，而且，如果你仔细观察，它的价值是如此之小。此外，它永远不会与你所做的努力相一致。

您的回应永远不等于您的工作声誉。

同样，这也不完全是它给你带来的快乐；因为这几乎被巨大的努力所抵消了。相反，它是一种特殊的本能，它促使天才的人为他所看到的和感觉到的东西赋予永久的形式，而没有意识到任何进一步的动机。它的作用，主要是通过一种类似于使树木结出果实的必要性实现；除了它要茁壮成长的土地，不需要任何外部条件。

仔细观察，对于天才而言，作为人类精神的生存意志似乎意识到，由于某种罕见的机会，在一个短暂的时期内，它获得了更清晰的视野，现在正试图为整个物种来确保它，或至少是它的结果，个人天才在他的最深处；所以，从他身上发出的光可以刺穿普通人意识中的黑暗和沉闷，在那里产生一些好的效果。

在这种情况下，这种本能促使天才完成他的工作，而不去考虑报酬、掌声或同情；不关心自己的个人福利；使他的生活成为勤奋的孤独，并将他的能力发挥到极致。这样，他就会更多地考虑后人，而不是同时代的人；因为，后者只能把他引入歧途，而后人构成了大多数人，时间会逐渐带来少数能欣赏他的人。与此同时，他就像歌德所描述的艺术家一样：他没有王子般的赞助人来奖励他的才华，没有朋友来为他欢欣鼓舞。

一个欣赏才华的王子，

一个和我一起快乐的朋友，

不幸的是，我错过了他们。

他的作品可以说是一个神圣的对象，是他生命的真正成果，他为更有眼光的后人储存它的目的是使它成为人类的财产。这样的目标远远超过了其他所有的目标，为了这个目标，他戴上了荆棘的冠冕，有一天会绽放出月桂的花环。他的所有力量都集中在努力完成和确保他的工作；就像昆虫在其发展的最后阶段，为了它永远不会活着看到的后代而使用了它的全部力量；它把它的卵放在某个安全的地方，因为它清楚地知道，后代有一天会在那里找到生命和营养，然后在自信中死去。

阅读见人生

想一个自己从未深入思考的问题是危险的,

我们读书是别人替我们思考,

我们不过是在重复作者的精神过程而已。

所以一个人如果整日读书,

他将逐渐失去思考能力。

　　无知只有在与财富相伴时才是堕落的。穷人因贫穷和需要而受到限制：劳动占据了他的思想，并取代了知识的位置。但无知的富人只为自己的欲望而活，就像田野里的野兽一样。这一点每天都可以看到：他们也会因为没有把财富和闲暇用于赋予它们最大价值的地方而受到指责。

　　当我们阅读时，另一个人替我们思考：我们只是重复他的思维过程。在学习写作时，学生用笔复述老师用铅笔勾画的内容，阅读时也是如此；大部分的思考工作已经为我们完成了。这就是为什么我们在忙于自己的思想后拿起书本会感到轻松。而在阅读中，思想实际上只是他人思想的游乐场。因此，如果一个人几乎整天都在读书，并通过放松的方式将间隔时间用于一些无思想的消遣，他就会逐渐失去思考的能力；就像一个总是骑马的人，最后忘记了如何走路。许多有学问的人就是这种情况：他们把自己读傻了。因为一有空闲就读书，除了读书什么都不做，甚至比持续的体力劳动更让人头脑瘫痪，因为体力劳动至少可以让从事者跟随自己的思想。一根从未摆脱某种异物压力的弹簧最终会失去弹性；如果其他人的思想不断地强加在它身上，思想也会如此。就像你可以通过服用过多的营养品来毁坏胃和损害整个身体一样，你也可以通过喂食过多的食物来填满和窒息你的思想。你读得越多，你所读的东西留下的痕迹就越少：头脑变得像一块被写满字的石板一样，一遍又一遍。没有时间进行反思，也没有其他方式可以吸收你所读的东西。如果你不停地阅读，而不把自己的思想付诸行动，你所读的东西就不能扎根，一般来说就会丢失。事实上，精神上的食物和身体上的食物是一样的：几乎不到五分之一的东西被吸收。其余的在蒸发、呼吸等过程中消失了。

这一切的结果是，写在纸上的思想不过是沙地上的脚印：你看到了这个人走过的路，但要知道他在走过的路上看到了什么，你需要他的眼睛。

没有任何一种风格的品质是可以通过阅读拥有这种品质的作家而获得的；无论是说服力，想象力，进行比较的天赋，大胆、苦涩、简洁、优雅、轻松的表达或机智，意想不到的对比，清淡或天真的态度，以及类似的东西。但是，如果这些品质已经存在于我们身上，存在着，也就是说，潜在着，我们就可以把它们召唤出来，让它们意识到；我们可以学习它们可以达到的目的；我们可以加强使用它们的倾向，或者获得这样做的勇气；我们可以通过例子判断应用它们的效果，从而获得对它们的正确使用；当然，只有当我们达到了这一点，我们才真正拥有这些品质。阅读能够形成风格的唯一途径是教我们如何利用我们自己的天赋。在我们开始学习如何使用这些天赋之前，我们必须拥有这些天赋。没有这些天赋，阅读教给我们的只是冷冰冰的、死气沉沉的举止，使我们成为肤浅的模仿者。

地球上的地层一排排地保存着以前时代的生物；图书馆书架上的一排排书籍也以同样的方式储存着过去的错误和它们被暴露的方式。像那些生物一样，它们在它们的时代也充满了生命力，并发出了巨大的声响；但现在它们已经僵硬，变成了化石，只成为文学、古生物学家好奇的对象。

希罗多德说，薛西斯在看到他的军队时流下了眼泪，因为他想到所有这些人中，在一百年后，没有一个会活着。在翻阅大量的新书目录时，人们可能会因为想到十年之后，其中没有一本会被听到而哭泣。

在文学中，就像在生活中一样：无论你走到哪里，都会发现人类不可救药的暴徒，像夏天的苍蝇一样，从四面八方涌来，拥挤不堪，弄脏一切。因此，坏书的数量是无法计算的，这些文学中的杂草，从玉米中吸取营养并扼杀它。公众的时间、金钱和注意力，本应属于好书及其崇高的目标，如今却被它们占为己有：它们仅仅是为了赚钱或争取位置而写的。因此，它们不仅是无用的，而且还造成了积极的危害。在我们目前的文学作品中，有十分之九的作品除了从公众的口袋里掏出几个先令外，没有其他目的；为了这个目的，作者、出版商和评论家都是一伙的。

让我提一下文学家、多产作家和卷帙浩繁的作者所实施的一个狡猾而邪恶的伎俩，尽管是一个有利可图的成功伎俩。他们完全无视良好的品位和这一时期的真正文化，成功地把整个时尚界的人拉进了领导层，使他们都被训练得及时阅读，而且都是同样的东西，即最新的书；而且是为了在他们活动的圈子里获得谈话的资源。这就是那些曾经很有名气的作家，如施平德勒、鲍沃尔·利顿、欧仁·苏写烂小说的目的。还有什么能比这些阅读者的命运更悲惨的呢？他们总是必须阅读那些极其平凡的人的最新作品，这些人只是为了钱而写作，因此他们的数量从来就不多。为了这个好处，他们只满足于知道所有时代和所有国家的少数杰出人物作品的名字。文学报纸也是一种非常狡猾的手段，它剥夺了阅读者的时间，而如果要达到文化的目的，就应该把这些时间用于真正的文学作品，而不是被那些每天混日子的俗人占据。

因此，在阅读方面，能够克制是一件非常重要的事情。这样做的技巧在于，不要仅仅因为任何书在当时恰好被广泛阅读而将其拿到手中；比如政治或宗教小册子、小说、诗歌等，这些书会引起轰动，甚至可能在其存在的第一年和最后一年出版几个版本。相反，要考虑到，为傻瓜写作的人总是有很多读者；要注意限制你的阅读时间，把它专门用于所有时代和国家的那些伟大人物的作品，他们超越了人类的其他部分，那些名声所及的人。只有这些才是真正的教育和指导。坏的文学作品不能读得太少，好的文学作品也不能读得太多。坏书是智力的毒药，它们会破坏人的思想。因为人们总是阅读新的东西，而不是所有时代最好的东西，所以作家们仍然停留在他们那个时代刚好流行的思想的狭窄圈子里；因此，这个时期会在自己的泥潭里越陷越深。

任何时候都有两种文学在发展，它们并肩而行，但彼此都不为人所知；一种是真实的，另一种只是表面的。前者成长为永久性的文学；它是由那些为科学或诗歌而活的人所追求的；它的过程是清醒和安静的，但极其缓慢；一个世纪内它在欧洲几乎没有产生一打作品；然而，这些作品是永久性的。另一种是以科学或诗歌为生的人所追求的；它在喧嚣和游击队员的呼喊声中飞速发展；每12个月就有一千部作品上市。但几年后，人们会问：它们在哪里？这么快就出现并引起这么多喧嚣的荣耀在哪里？这类作品可称为短暂的，而前一类则是永久的文学。

在政治史上，半个世纪总是一个相当长的时间；形成政治史的事情总是在不断地发生；总是有事情发生。但在文学史上，同一时期往往是完全停滞不前的；什么也没有发生，因为笨拙的尝试不算数。你只是停留在五十年前的地方。

为了解释我的意思，让我把人类知识的进步比作一个星球所走的路线。人类在每一次重要的进步之后通常会走上错误的道路，就像托勒密系统中的历法，在通过其中一个历法之后，世界就会回到它进入历法之前的位置。但是，那些真正使人类在其道路上走得更远的伟大思想，并没有伴随它不时地走过这个圆周。这就解释了为什么死后的名声往往是以牺牲当代人的赞誉为代价的，反之亦然。这样的一个例子是由费希特和谢林开创的哲学，并由黑格尔对它的讽刺加冕。这种循环是对康德最终使哲学达到的极限的一种偏离；在这一点上，我后来又把它拿了出来，把它进一步发展。在这段时间里，我提到的那些虚假的哲学家和其他一些人经历了他们的循环，而这一循环刚刚结束；因此，那些与他们一起走过的人都意识到，他们正好处于他们开始的那个点。

这种情况解释了为什么每隔三十年左右，以当时的精神表达的科学、文学和艺术就会被宣布破产。在那个时期，不时出现的错误达到了这样的高度，仅仅是其荒谬性的重量就使结构倒塌；而与此同时，反对它们的力量也在不断聚集。因此，一个混乱发生了，往往接着是一个相反方向的错误。展示这些运动的周期性回归，将是文学史真正的实际目的，然而，人们对它的关注很少。此外，由于这些时期相对较短，因此很难收集过去很久的时代的数据，所以最方便的是观察自己这一代人的情况如何。韦特的海王星地质学提供了一个从物理科学中得出这种倾向的例子。

　　但是，让我严格遵守上面所举的例子，这是我们可以采取的最近的例子。在德国哲学中，康德的辉煌时代之后，紧接着就是一个旨在强加于人而不是说服人的时期。它不是彻底的、清晰的，而是试图让人眼花缭乱、夸张，而且在某种程度上，让人无法理解：它不是在寻求真理，而是在吸引人。哲学无法以这种方式取得进展；最后，整个学派和它的方法都破产了。因为黑格尔和他的伙伴们厚颜无耻到了这种地步——不管是由于他们说了如此复杂的废话，还是由于他们如此肆无忌惮地吹嘘，还是由于这篇漂亮作品的全部目的是相当明显的——最后没有什么能阻止整个事业的骗局被大家看出来：当由于某些披露的结果，它在高层享有的青睐被收回时，这个系统被公开嘲笑。这个有史以来最悲惨的微薄的哲学变得悲哀，并把在它之前的费希特和谢林的体系也拖进了失信的深渊。因此，就德国而言，康德之后的上半世纪哲学上的完全无能是非常明显的：与外国人相比，德国人仍然夸耀他们在哲学上的天赋，尤其是当一位英国作家恶意地讽刺他们，称他们是"思想家的国家"。

　　要想了解从艺术史中得出的一般循环系统的例子，请看17世纪盛行的、以贝尼尼命名的雕塑流派，特别是看它在法国的发展。这个学派的理想不是古代的美，而是平凡的自然：它不是古代艺术的简单和优雅，而是代表了法国小步舞曲的礼仪。

在温克尔曼的指导下，这种趋势已经破产了，因为人们又回到了古代画派。绘画史在本世纪前 25 年提供了一个例证，当时艺术仅仅被看作是中世纪宗教情感的手段和工具，其主题也因此仅仅来自教会题材。然而，这些题材被那些没有真正信仰诚意的画家所处理，在他们的错觉中，他们追随弗朗切斯科·弗朗西亚、彼得罗·佩鲁吉诺、安吉利科和其他类似的人，对他们的评价甚至高于后来真正伟大的大师们。正是考虑到这种恐怖，也因为在诗歌中，类似的目标同时得到了青睐，歌德才写下了他的寓言。这一派也得到了异想天开的名声，后来也破产了，接着回归自然，在各种类型的画作和生活场景中宣扬自己，尽管它时不时地偏离了粗俗的东西。

人类思想在文学方面的进步也是如此。文学史在很大程度上就像一个畸形博物馆的目录；他们保存得最好的精神是猪皮。少数生来体态良好的生物不需要在那里寻找。他们仍然活着，在这个世界上随处可见，不死不灭，岁月静好。只有他们才构成了我所说的真正的文学；其中的历史，尽管它中的人很可怜，但我们从年轻时就从所有受过教育的人的口中得知，然后再由编纂者为我们叙述。

作为对目前盛行的阅读文学史的狂热的解毒剂，为了能够喋喋不休地谈论一切，而根本没有任何真正的知识，我将提到利希滕贝格作品中的一段话，这很值得一读。

我认为，对科学和学习史的过度了解，是我们这个时代的一个普遍特征，对知识本身的进步是非常不利的。追踪这段历史是一种乐趣；但事实上，它让人的头脑不是真的空虚，而是没有任何自己的力量，就因为它让人的头脑如此充实。谁要是觉得有什么愿望，不是为了填满他的头脑，而是为了加强它，发展他的能力和才干，一般来说，是为了扩大他的力量，他就会发现，没有什么比与一个所谓的文学家交往更让人心力交瘁的了，因为他根本就没有想过这个知识问题，尽管他知道与历史和文学有关的无数小事实。这就像你在饥饿时阅读一本烹饪书。我相信，所谓的文学史永远不会在有思想的人中兴起，他们意识到自己的价值和真正知识的价值。这些人更倾向于运用自己的理性，而不是麻烦自己去了解别人是如何运用自己理性的。最糟糕的是，你会发现，知识越是朝着文学研究的方向发展，推广知识的力量就越小；唯一增加的是对拥有知识的自豪感。这种人认为他们拥有的知识比真正拥有知识的人更多。一个有根据的说法是，知识永远不会让拥有者感到骄傲。只有那些让自己被骄傲吹出来的人，他们没有能力在自己身上扩展知识，却忙着清除历史上的黑暗点，或者讲述别人的所作所为。他们很骄傲，因为他们认为这种主要是机械性的职业，是知识的实践。我可以用例子来说明我的意思，但这将是一个令人厌恶的任务。

不过，我还是希望有人能尝试编写一部文学的悲剧史，介绍作家和艺术家的生活方式，这些人构成了赋予他们生命的各个国家最值得骄傲的财产，介绍他们在生活中受到的待遇。这样一部历史将展示无休止的战争，在所有的时代和国家，好的和真正的东西不得不与坏的和不正当的东西进行斗争。它将讲述几乎所有真正启蒙人类的人，几乎所有各种艺术的伟大大师的殉道。它将告诉我们，除了少数例外，他们是如何被折磨至死，没有人承认，没有人同情，没有人追随；他们是如何生活在贫困和苦难中，而名声、荣誉和财富却是不值得的人的命运。他们的命运就像以扫一样，当他正在为父亲打猎和获取鹿肉时，却被穿上他的衣服，乔装成他的兄弟雅各抢走了祝福，尽管如此，他还是靠着对工作的热爱坚持下来，直到最后人类教师的苦战结束，直到不朽的桂冠被捧到他面前，可以说的时间到了。

沉重的外壳变成带翅膀的衣裳，
痛苦是短暂的，快乐是无限的。

人性道德反思

真正的道德是非常稀有的，

真正有道德的人也是万中无一。

人们会对那些道德行为产生敬意

正说明了那些道德行为与众不同，

是不可思议的。

古代世界的哲学家们将许多彼此没有联系的事物统一在一个概念中。关于这一点，柏拉图的每一次对话都提供了大量的例子。其中最大和最糟糕的混淆是伦理和政治之间的混淆。国家和神的国度，或道德法则，在性质上完全不同，前者是对后者的模仿，是对没有神的国度的痛苦嘲弄。与道德法则相比，国家是一个拐杖，而不是一个肢体；是一个自动装置，而不是一个人。

　　荣誉的原则与人类的自由密切相关。它可以说是对这种自由的一种滥用。一个人不是利用他的自由来履行道德法则，而是利用他的能力，自愿承受任何痛苦的感觉，克服任何短暂的印象，以便他能够坚持他的自我意志，无论它把他引向什么目标。由于他由此表明，与低等动物不同，他的思想超越了他身体的福利和任何使之受益的东西，因此，荣誉的原则常常与美德混淆起来。人们把它们看作是一对双胞胎。但这是错误的；因为尽管荣誉原则是将人与低等动物区别开来的东西，但它本身并没有使人高于低等动物的东西。作为一种目的和目标，它和任何其他来自自我的目标一样，是一种黑暗的错觉。作为一种手段，或随便使用，它可能会产生好处；但即使是虚荣和轻浮的好处，也是如此。正是对自由的滥用，把它作为克服感情世界的武器，才使人比低等动物更加可怕；因为动物只做一时的本能所要求的事情；而人是靠思想行事的，他的思想在得到满足之前可能会带来普遍的毁灭。

还有一种情况有助于促进荣誉和美德相连的观念。一个人如果能做他想做的事，说明他也能做，如果他想做的事是一种美德的行为。但是，我们的那些我们自己不得不蔑视的行为也被其他人蔑视，这比我在这里提到的任何事情都更有助于建立这种联系。因此，经常发生的情况是，一个不怕一种蔑视的人，却不愿意接受另一种蔑视。但是，当我们被要求在我们自己的认可和世界的指责之间做出选择时，就像在复杂和错误的情况下可能发生的那样，那么荣誉的原则会变成什么？

在莎士比亚的《亨利六世》第二部分第四幕中，有两个关于荣誉原则的典型例子。一个海盗急于谋杀他的俘虏，而不是像其他人一样接受赎金，因为在抓捕这个俘虏时，他失去了一只眼睛，而且在他看来，如果他允许自己的俘虏被当作一个普通的商品来收买，他自己和他祖先的荣誉就会受到玷污。另一方面，犯人萨福克公爵，他宁愿把自己的头颅挂在柱子上，也不愿意向海盗这样卑贱的家伙揭发，向他求饶。

就像公民的荣誉——换句话说，我们值得信赖的观点——是那些努力在世界范围内沿着光荣的道路前进的人的护身符一样，骑士的荣誉——换句话说，是值得我们敬畏的人的观点——是那些以暴力为目标的人的护身符；就这样，骑士的荣誉在中世纪的强盗骑士和其他骑士中出现了。

理论哲学家是一个能够以思想形式为理性提供经验展示的副本的人；就像画家看到的东西，他可以在画布上重现；雕塑家，在大理石上；诗人，在想象力的图片中，尽管它们是图片，他只是在播种它们所产生的思想时才提供。

另一方面，一个所谓的实践哲学家，是一个相反的人，他从思想中推导出他的行动。理论哲学家将生活转化为思想；实践的哲学家将思想转化为生活。因此，他以一种完全合理的方式行事；他是一致的、有规律的、深思熟虑的；他从不匆忙或热情；他从不允许自己被当时的印象所影响。

事实上，当我们发现自己身处那些经验的完整呈现或真实的对象之中时——既然身体只是一种对象化的意志，即意志在物质世界中所呈现的形状——那么，让我们的身体不被这些呈现所引导，而仅仅被它们的形象所引导，被冰冷的、无色的观念所引导，这与经验的关系就像奥库斯的影子与生命一样；然而这也是我们能够避免做出我们可能不得不悔恨的事情的唯一途径。

理论哲学家通过对理性领域的补充来丰富它；实践哲学家则利用它，使它为自己服务。

按照康德的说法，经验的真理只是一种假设性的真理。如果把支撑所有经验的暗示——主体、客体、时间、空间和因果关系——的假设去掉，这些暗示中就不会有一个字是真理。换句话说，经验只是一种现象，它不是对事物本身的知识。

　　如果我们在自己的行为中发现了一些让我们暗自高兴的事情，尽管我们无法将其与经验相协调，因为如果我们遵循经验的指导，我们就必须做恰恰相反的事情，我们绝不能让这一点将我们排除在外；否则我们就会将一种它不配拥有的权威赋予经验，因为它所教导的一切仅仅是基于一种假设。这就是康德伦理学的一般倾向。

　　纯真在其本质上是愚蠢的。它是愚蠢的，因为生命的目的（我只是比喻性地使用这个说法，我也可以说是生命的本质，或者说是世界的本质）是获得对我们自己坏意志的认识，以便我们的意志可以成为我们的一个对象，让我们可以进行内在的转换。我们的身体本身就是我们意志的对象；它是对象中最重要的一个，而我们为了身体而完成的行为向我们展示了我们意志中固有的邪恶。在纯真的状态下，因为没有经验，所以没有邪恶，人只是一个生活的工具，而这个工具存在的对象还没有被披露。像这样一种空洞的生活形式，一个无人问津的舞台，本身就像所谓的现实世界一样，是无效的；由于它只有通过行动、通过错误、通过知识、通过意志的抽搐才能获得意义，所以它具有一种平淡无奇的、愚蠢的特征。一个纯真的黄金时代，一个傻瓜的天堂，是一个愚蠢的、没有意义的概念，正是由于这个原因，它不值得任何尊重。第一个罪犯和杀人犯该隐，他获得了有罪的知识，并通过忏悔获得了美德的知识，从而理解了生命的意义。他是一个悲剧人物，比世界上所有无辜的傻瓜加起来更有意义，几乎更值得尊敬。

如果我必须要写谦虚，我应该说：我非常了解我有幸为之写作的受人尊敬的公众，所以我不敢对这种美德发表意见。就我个人而言，我很满足于谦虚，并尽可能谨慎地应用这种美德。但有一件事我永远不会承认，那就是我曾经要求任何人谦虚，任何这样的说法我都视为一种诽谤。

大多数人的卑微性格迫使少数有任何功绩或天才的人表现得好像他们不知道自己的价值，因而也不知道别人价值的不足；因为只有在这种情况下，暴民才会默许和容忍功绩。一种美德是从这种必要性中产生的，它被称为谦虚。这是一种虚伪的行为，仅仅因为其他人是如此的微不足道，所以必须对他们进行宽容，自己才会被原谅。

～

人类的苦难可能以两种方式影响我们，而我们对它可能处于两种相反的情绪中。

其中一种苦难立即呈现在我们面前。我们在自己的身上感受到它，在我们自己的意志中感受到它，而我们的意志由于被暴力的欲望所浸染，到处都被打破，这就构成痛苦的过程。其结果是，意志在暴力中增加，正如在所有激情和情感的情况下所显示的那样；只有当意志转向并让位于完全的顺从，换句话说，被救赎时，这种不断增加的暴力才会停止。完全被这种情绪所支配的人，会以嫉妒的心态看待他可能在别人身上看到的任何繁荣，而对任何痛苦则没有任何同情心。

在相反的情绪下，人类的痛苦对我们来说只是作为一个知识的事实存在，也就是说，是间接的。我们主要致力于观察他人的痛苦，我们的注意力从我们自己的痛苦中抽离出来。正是在他人的身上，我们意识到了人类的苦难；我们充满了同情；这种情绪的结果是普遍的仁慈和慈善事业。所有的嫉妒都消失了，当我们看到我们受折磨同胞中的一个人经历任何快乐或救济时，我们反而感到高兴。

按照同样的方式，我们对人类的卑劣和堕落可能处于两种相反情绪中的一种。在一种情况下，我们间接地从别人身上看到了这种卑劣。从这种情绪中产生了对人类的愤慨、仇恨和蔑视。在另一种情况下，我们直接察觉到它，在我们自己身上，从中产生了羞辱，不，是忏悔。

为了判断一个人的道德价值，观察这四种情绪中哪一种在他身上占优势是非常重要的。它们是成对出现的，每个部门都有一个。在非常优秀的人物中，每个部门的第二种情绪将占主导地位。

无条件命令，或绝对命令，是一个矛盾。每个命令都是有条件的。无条件的和必要的是必需的，如自然规律所呈现的。

道德律法完全是有条件的，这是非常正确的。有一个世界和一种人生观，它在其中既无效力也无意义。正确地说，这个世界就是我们作为个人生活在其中的真实世界；因为对道德的每一种关注都是对这个世界和我们在其中的个人生活的否定。然而，这是一种对世界的看法，它并没有超越充分理由的原则；而相反的看法则是通过对理念的直觉来进行的。

如果一个人受到两个相反但非常强烈的动机的影响，即 A 和 B，而我非常关心他应该选择 A，但更关心他不应该不忠于自己的选择，通过改变主意背叛自我，或者类似的情况，我就不能说任何可能阻碍 B 的动机对他产生充分影响的话，而只是强调 A；因为这样我就永远无法指望他的决定。我所要做的是，同时把这两个动机放在他面前，以尽可能生动和清晰的方式，使它们能以全部力量作用于他。然后，他做出的选择便是他内心深处的决定，并在所有的永恒中保持坚定。在说我要这样做的时候，他已经说我必须这样做。我已经得到了他的意志，我可以依靠它像自然界的力量一样稳定地工作。就像火的燃烧和水的浸润一样，他将根据被证明对他更有利的动机行事。洞察力和知识可能会得到，也可能会失去；它们可能会被改变，或被改进，或被摧毁；

但意志是无法改变的。这就是为什么"我理解""我觉察""我看见"会被改变和不确定；而"我的意志"，在对动机的正确理解上，则像自然本身一样坚定。然而，困难在于如何获得一个正确的理解力。一个人对动机的理解可能会改变，或被纠正或被扭曲；另一方面，他的环境可能会发生变化。

一个人应该行使几乎无限的宽容和安抚，因为如果他任性到拒绝原谅一个人的卑鄙或邪恶，这是对世界其他地方的一种相当不值得的荣誉。

但与此同时，作为每个人的朋友的人却不是任何人的朋友。很明显，我们向人类伸出的是什么样的友谊，几乎每个人都可以返回，无论他做过什么。

在古人那里，友谊是道德的主要内容之一。但友谊只是限制和偏袒；它是将全人类应有的东西限制在一个人身上，即承认一个人自己的本性和人类的本性是一致的。它顶多是这种承认和自私之间的一种妥协。

谎言总是起源于将自己的意志扩展到其他个人身上的欲望，并否认他们的意志，以便更好地肯定自己的意志。因此，谎言在本质上是不公正、恶毒和卑鄙的产物。这就是为什么真理、真诚、坦率和正直会被认为是值得称赞和高尚的品质；因为我们认为，表现出这些品质的人没有不公正或恶意的情绪，因此不需要掩饰这种情绪。开放的人不会珍惜任何不好的东西。

有一种勇气，它与善意的来源相同。我的意思是，心地善良的人几乎清楚地意识到，它存在于其他个人身上，就像存在于他自己身上一样。我经常表明这种感觉是如何产生善心的。它也产生了勇气，原因很简单，拥有这种感觉的人不太关心他自己的个体存在，因为他几乎同样生活在所有生物的普遍存在中。因此，他不太关心自己的生命和自己的财产。这绝不是勇气的唯一来源，因为它是由各种原因造成的现象。但它是最崇高的勇气，正如它的起源与巨大的温柔和耐心有关这一事实所表明的那样。这种类型的男人对女人来说通常是不可抗拒的。

所有的一般规则和戒律都是失败的，因为它们来自一个错误的假设，即人的构成完全或几乎完全相同；赫尔维蒂乌斯的哲学明确提出了这一假设。而事实是，个人之间在智力和道德方面的原始差异是不可估量的。

关于道德是不是真实的东西的问题，就是一个有根有据的反对利己主义的原则是否真的存在的问题。

由于利己主义把对福利的关注限制在一个人身上，即人的自我，因此反原则就必须把它扩大到所有其他个人。

只是因为意志是超越时间的，所以良心的刺痛是不可消除的，而不像其他痛苦那样会逐渐消失。不！多年后，邪恶的行为在良心上的压力就像刚犯的时候一样沉重。

性格是与生俱来的，而行为只是它的表现。很少有做大坏事的机会；强大的反作用力使我们退缩；我们的性格通过我们的欲望、思想、情感暴露在自己面前，而它对别人来说是未知的。考虑到这一切，我们可以认为一个人有可能在某种程度上拥有与生俱来的邪恶的心，而不曾做过任何非常糟糕的事情。

己所不欲，勿施于人。这也许是那些证明，或者说是要求太高的论点之一。因为一个囚犯可能会向法官提出这个问题。

　　愚蠢的人一般都是恶意的，原因与丑陋和畸形的人相同。

　　同样，天才和圣洁是相通的。无论圣人的头脑多么简单，他都会有一丝天才的影子；无论天才的气质或实际性格有多少错误，他仍然会表现出某种高贵的气质，通过这种气质显示他与圣人的亲缘关系。

　　外在的法律和内在的法律之间，国家和神的国度之间的巨大差异是非常清楚的。国家的任务是确保每个人都能得到公正的对待；它把人看作是被动的存在，因此除了他们的行为之外不考虑任何事情。另一方面，道德法则关注的是每个人都应该伸张正义；它把人看作是积极的，看的是意志而不是行为。为了证明这是真正的区别，让读者考虑一下，如果他反过来说，每个人都应该伸张正义是国家的事，而每个人都应该得到正义是道德法则的事，会发生什么。这种荒谬是显而易见的。

作为区别的说明，让我举一个例子：一个债务人和一个债权人对前者否认的债务发生争执。一位律师和一位道德家在场，并对此事表现出浓厚的兴趣。两人都希望争端能以同样的方式结束，尽管他们想要的绝不是一样的。律师说，我想让这个人拿回属于他的东西；而道德家则说，我想让这个人履行他的职责。

道德只与意志有关。外部力量是否阻碍了意志的工作，或未能阻碍意志的工作，这丝毫不重要。对道德来说，外部世界只有在它能够或不能引导和影响意志的时候才是真实的。一旦意志被确定，也就是说，一旦下定决心，外部世界和它的事件就不再有任何意义，而且实际不存在。因为如果世界上的事件有任何这样的现实性——也就是说，如果它们本身具有意义，或者除了来自受它们影响的意志的意义之外，还有任何其他意义——那么，所有这些事件都位于机会和错误的领域中，这将是多么令人遗憾的事情啊！然而，正是这一点，让我们看到了一个新的世界。然而，正是这一点证明了重要的事情不是发生了什么，而是意志的作用。因此，让生活中的事件由机会和错误来决定，正是向人证明它是风前的尘埃。

国家只关心事件——所发生的事情；其他的事情对它来说都是不现实的。我可以随心所欲地沉浸在谋杀和毒药的想法中：国家并不禁止我，只要斧头和绳子控制着我的意志，并阻止它变成行动。

伦理学问：正义强加给我们的对他人的义务是什么？换句话说，我必须渲染什么？自然法则问：我不需要服从别人的什么？也就是说，我必须忍受什么？这个问题不是说我不能做不公正的事，而是说我不能做超过每个人必须做的事，如果他要保障自己的生存，也不能做超过每个人同意做的事，以便他自己能得到同样的待遇；此外，我不能做超过社会允许我做的事。同样的答案将适用于这两个问题，就像同一条直线可以从两个相反的方向中的任何一个引出，即由相反的力量引出；或者，同样，就像角度可以给出正弦，或者正弦可以给出角。

有人说，历史学家是一个倒置的先知。同样，也可以说，法律教师是倒置的道德家（即正义义务的教师），或者说，政治是倒置的伦理学，如果我们排除伦理学也教导仁慈、宽宏、爱等义务的想法。国家是被剪断而不是被解开的戈尔迪之结；它是哥伦布的鸡蛋，通过打碎而不是平衡来使其站立，就好像有关的业务是使其站立而不是平衡它。在这方面，国家就像一个人，认为他可以通过使气压计上升而产生好天气。

我们这个时代的伪哲学家们告诉我们，国家的目标是促进人类的道德目标。这不是真的；相反才是真的。人类存在的目的——这种说法是抛物线式的——不是一个人应该以这样那样的方式行事；因为所有的歌剧，即实际完成的事情，本身就是无足轻重的事情。不！目的在于，每个人都是一个完整的标本——不，是意志本身——应该转向它需要转向的地方；人本身（思想和意志的结合体）应该察觉到这个意志是什么，它包含着什么恐怖；他应该在自己的行为中显示出自己的反应，在这些行为的可憎中显示出自己的反应。国家完全关心普遍的福利，它检查不良意愿的表现，但绝不是检查意愿本身；这种尝试是不可能的。正是因为国家检查人的意志的表现，一个人很少在他行为的镜子中看到他本性的全部可憎。难道读者真的认为世界上没有像罗伯斯庇尔、拿破仑或其他杀人犯那样坏的人？难道他没有看到，有许多人只要能像他们那样行事就可以了吗？

许多罪犯死在脚手架上比许多非罪犯死在家人的怀抱中更安静。一个人已经意识到他的意志是什么，并且已经抛弃了它。而另一个人却无法抛弃它，因为他从来都无法觉察到它是什么。国家的目的是制造一个傻瓜的天堂，这与生活的真正目的直接冲突，即达到对意志的认识，了解其可怕的本质真正是什么。

拿破仑其实并不比许多人，更不用说大多数人差。他拥有非常普通的利己主义，以牺牲他人的利益来寻求自己的福利。他的与众不同之处仅仅在于他有更大的能力来满足自己的意愿，有更大的智慧、理性和勇气；此外，机会给了他一个有利的行动范围。通过这一切，他为他的利己主义做了无数人想为他们自己的利己主义做却不能做的事。每一个软弱无力的小伙子，如果通过使别人处于某种不利地位，而为自己获得一点儿好处，尽管这种好处可能很小，但他和拿破仑一样坏。

那些认为死后会有报应的人，会要求拿破仑以不可言喻的痛苦来偿还他所造成的所有无数灾难。但是，他的罪责并不比那些拥有同样意志，却没有同样力量的人更大。

在他的情况下，这种非同寻常的力量的加入，让他揭示了人类意志的全部邪恶；而他那个时代的苦难，作为勋章的必然反面，揭示了与这种不良意志密不可分的苦难。正是这种意志的普遍操纵，构成了这个世界。但是，恰恰是理解生存意志是如何与这种难以言喻的苦难密不可分地联系在一起，并与之真正融为一体，才是世界的目标和目的；而拿破仑的出现对这一目标和目的起到了很大的作用。世界不是一个毫无意义的傻瓜天堂，而是一个悲剧，在这个悲剧中，生活的意志了解自己并屈服，这就是世界存在的目的。拿破仑只是生存意志的一面巨大镜子。

造成苦难的人和承受苦难的人之间的区别，只是现象上的。这都是一种生存的意志，与巨大的痛苦相同；只有理解这一点，意志才能得到修补和结束。

用拿破仑的话说，古代与现代的主要区别在于，古代是由事务支配的。在现代，情况并非如此。我的意思是，在古代，公共生活、国家和宗教以及私人生活的特点是对生存意志的强烈肯定。而现代，它是对这种意志的否定，因为这就是基督教的特点。但现在，一方面，这种否认甚至在公众舆论中都有所减弱，因为它与人的性格过于相悖，另一方面，公开否认的东西却被秘密地肯定了。因此，我们到处都能看到半途而废和虚假的东西；这就是为什么现代人在古代人面前显得如此渺小。

人类社会的结构就像一个钟摆，在两种冲动、两种极端对立的邪恶、专制和无政府状态之间摆动。它离前者越远，就越接近后者。由此，读者可能会想到，如果它正好在这两者之间，它就会是正确的。远非如此。因为这两种邪恶绝不是同样的坏和危险。前者无比不值得担心；它的弊端主要是作为可能性而存在，如果它们真的来了，也只是它们所触及的数百万人中的一个。但是，对于无政府主义来说，可能性和现实性是不可分割的；它的打击每天都落在每个人身上。因此，每部宪法都应该比无政府主义更接近于专制主义；不，它必须包含专制主义的微小可能性。

心理散论

生存意欲作为一切生活的内核，

在动物身上，我们可以清楚地观察到生存意欲的本质，

动物把人性以最简朴的方式呈现在眼前，

坦白地、公开地展现自己的本质，

表现着自己喜怒哀乐的感觉。

相反，这世上只有一种会说谎的生物，那就是人类。

在所有的欧洲语言中，"人"这个词通常被用来表示人，其中有一种不自觉的恰当性。角色的真正含义是一个面具，就像演员们在古代舞台上习惯戴的面具一样；而且非常真实的是，没有人以自己的身份出现，而是戴着面具扮演自己的角色。事实上，我们的整个社会安排可以被比喻为一部永久的喜剧；这就是为什么一个有价值的人会发现社会是如此平淡无奇，而一个笨蛋却在社会中相当自在。

理性值得被称为先知。因为在向我们展示我们现在行为的后果和影响时，它不是在告诉我们未来会发生什么吗？正因为如此，当我们被一些卑劣的激情、一些愤怒的情绪、一些贪婪的欲望所占据时，理性是一种极好的约束力量，这些欲望将导致我们做一些我们必须立即悔改的事情。

　　仇恨来自内心，蔑视来自头脑，而这两种感觉都不完全在我们的控制范围之内。因为我们无法改变我们的心，它的基础是由动机决定的；而我们的头脑处理的是客观事实，并适用不可改变的规则。任何一个人都是一个特定的心和一个特定的头的结合。

　　仇恨和蔑视是截然相反的，相互排斥的。甚至在不少情况下，对一个人的憎恨只是源于对他品质的被迫尊重。此外，如果一个人开始讨厌他所遇到的所有可悲的生物，他就不会有太多的精力去做其他事情；而他可以轻蔑他们，一个又一个，非常轻松。真正的蔑视与真正的骄傲恰恰相反，它保持相当的安静，不显示它的存在。因为如果一个人表明他鄙视你，这至少表明他对你的重视，他想让你知道他对你的欣赏程度有多低；他的愿望是由仇恨决定的，在此真正的蔑视不可能存在。相反，如果它是真的，它只是确信它的对象是一个根本没有价值的人。蔑视与宽容和善意的对待并不冲突，为了自己的安宁和安全，不应省略这一点；它可以防止刺激；一旦被激起，没有人不会造成伤害。但是，如果这种纯粹的、冷酷的、真诚的蔑视一旦表现出来，就会遭到最无情的憎恨；因为被鄙视的人没有资格用自己的武器来对抗蔑视。

忧郁与坏幽默是截然不同的东西，在这两者中，它与快乐和幸福的气质相差无几。忧郁会吸引人，而坏幽默会排斥人。

忧郁症是一种折磨，它不仅使我们不合理地与现在的事情过不去，不仅使我们对未来完全由我们自己造成的不幸充满了无端的焦虑，而且还导致我们对过去所做的事情进行无端的自我责备。

忧郁症的表现是不断地追寻那些使人烦恼的东西，然后为它们而烦恼。它的原因是内在的病态不满，往往与自然界的不安定情绪并存。在其极端形式下，这种不满和不安会导致自杀。

任何引起不愉快情绪的事件，无论多么微不足道，都会在我们的头脑中留下后遗症，在它持续的时间里，妨碍我们对周围事物形成一个清晰的客观看法，并影响我们所有的想法：就像一个靠近眼睛的小物体，限制并扭曲了我们的视野。

　　是什么让人们变得心狠手辣？那就是每个人在自己的麻烦中拥有或认为自己拥有的东西都是他能承受的。因此，如果一个人突然发现自己处于异常幸福的境地，在大多数情况下，这将导致他的同情心和善良。但是，如果他从来没有处于任何其他的幸福地位，或者这成为他的永久状态，其效果往往恰恰相反：它使他远离痛苦，以至于他无法对痛苦产生任何更多的同情心。因此，穷人往往比富人更愿意帮助他们。

有时，我们似乎想要又不想要同样的东西，并为此感到高兴和遗憾。例如，如果在某个固定的日期，我们要接受一项决定性的考验，如果能取得胜利，对我们将有很大的好处，我们就会急切地希望它立即发生，同时我们也会因为想到它的到来而颤抖。如果在这期间，我们听说日期被推迟了一次，我们会有一种既高兴又烦恼的感觉，因为这个消息是令人失望的，但它还给我们带来了短暂的安慰。如果我们期待着一些带有明确决定的重要信件，而它却没有到来，这也是同样的事情。

在这种情况下，确实有两种不同的动机在我们身上起作用。这两种动机中较强但较远的是希望经受住考验并得到对我们有利的裁决；而较弱的，也是更接近我们的，是希望目前处于和平和安静的状态，并相应地进一步享受希望的不确定性状态所带来的好处，与问题不利的可能性相比。

在我的脑子里有一个永久的反对派，每当我采取任何步骤或做出任何决定时——尽管我可能已经对这个问题进行了成熟的考虑——它就会在事后攻击我所做的事情，尽管，每次都不一定是正确的。我想，这只是审查精神的一种纠正形式，但它常常在我不值得责备时责备我。毫无疑问，同样的事情也发生在许多人身上，因为谁都会忍不住去想，即使经过深思熟虑去做的事情最好不要做。

为什么"普通"这个词有轻蔑的含义，而"不寻常""非凡""杰出"则表示赞许？为什么一切普通的东西都是可鄙的？

"普通"的原意是指所有人所共有的，即整个物种平等分享的特质，因此是其本质的固有部分。如果一个人不具备超出一般人类所具有的品质，他就是一个普通人。"平庸"是一个更温和的词，更多的是指智力特征；而"普通"则更多地适用于道德方面。

一个生物能有什么价值呢，它与数以百万计的同类没有丝毫区别？不，是无穷无尽的生物，一个世纪又一个世纪，永无止境地流淌着，大自然从她那取之不尽的泉眼中涌出；对它们的慷慨，就像铁匠铁砧上飞舞的无用火花一样。

显然，一个除了物种的品质外没有任何品质的生物，应该把它的要求完全限制在物种范围内，并以这些范围为条件生活，这是非常正确的。

在我作品的不同段落中，我认为，虽然低等动物只拥有其物种的一般特征，而人是唯一可以声称拥有个人特征的生物。但是，在大多数人身上，这种个人性格实际上是非常少的；他们几乎都可以被归入某些类别，他们只不过是样品。他们的思想和欲望，就像他们的面孔一样，是那些物种的，或者至少是他们所属的阶级的；因此，他们具有琐碎的、日常的、普通的特征，并且以千计存在。你通常可以事先知道他们可能会做什么和说什么。没有特别的印章或标记来区分他们；他们就像制成品一样，都是一件件的。

那么，如果他们的本性与物种的本性合二为一，他们的存在又该如何超越它？庸俗的诅咒将人与低等动物相提并论，因为他们只允许有一个普通的性质、一个普通的存在形式。任何高尚的、伟大的或高贵的东西，都必须理所当然地、根据其本质在这个世界上独善其身，而在这个世界上，除了我提到的普遍使用的表达方式，即普通，找不到更好的表达方式来表示卑微和可鄙的东西。

意志，作为事物的本身，是所有存在的基础；它是每个生物的一部分，也是一切事物中的永久元素。那么，意志是我们与所有的人，不，与所有的动物，甚至与较低的存在形式共同拥有的东西；在这一点上，我们与所有的东西都是相似的，也就是说，所有的东西都充满了意志。另一方面，将一个生命置于另一个生命之上，并在人与人之间设置差异的，是智力和知识；因此，在自我的每一次表现中，我们应该尽可能地只发挥智力；因为，正如我们所看到的，意志是我们的共同部分。每一次剧烈的意志展示都是普通的和庸俗的；换句话说，它把我们降低到物种的水平，使我们成为它的一个单纯的类型和例子；因为我们所展示的只是物种的特征。因此，每一次愤怒都是常见的，每一次无节制地表现出喜悦、仇恨或恐惧——总之，每一种形式的情感；换句话说，每一次意的运动，如果它是如此强烈，以至于决定性地超过了意识中的智力因素，并使人看起来像一个意志而非知识的存在。

在向这种激烈的情感让步时，最伟大的天才会把自己放在与地球最普通的儿子一样的位置上。相反，如果一个人想成为绝对不寻常的人，换句话说，是伟大的人，他就不应该让他的意识被他的意志运动所占据和支配，不管他如何被要求这样做。例如，他必须能够观察到其他人对他的态度不好，而自己却不觉得对他们有任何仇恨；不，没有什么比它拒绝注意到令人讨厌和侮辱性的表达方式，而是直接把它们归结为，就像它把无数其他错误归结为说话者的知识缺陷一样，因此只是观察而不去感受它们，这才是一个伟大心灵的标志。这就是格拉西安那句话的意思，没有什么比让人看到他是一个人更不值得的了，一个人最大的缺点就是不知道他是谁。

甚至在戏剧中，也是激情和情感的特殊领域，它们很容易显得普通和粗俗。这一点在法国悲剧作家的作品中特别明显，他们除了描写激情之外，没有其他目的。他们一会儿沉浸在一种虚无缥缈的悲情中，使人啼笑皆非，一会儿又沉浸在附庸风雅的俏皮话中，努力掩盖他们主题的庸俗性。我记得看到著名的雷切尔小姐扮演玛丽亚·斯图亚特对伊丽莎白大发雷霆时——虽然她演得很好——我不禁想到了一个洗衣妇。她扮演的最后的离别，使它失去了所有真正的悲剧感，事实上，法国人根本没有这种概念。同样的角色由意大利的里斯托里演得更好。事实上，意大利人的天性虽然在许多方面与德国人非常不同，但他们对艺术中深刻、严肃和真实的东西有着共同的鉴赏力。这一点法国人则相反，他们处处透露出他们根本不具备这种感觉。

特别是莎士比亚，这是他的一般方法，尤其是在《哈姆雷特》中。只有当理智上升到所有努力的虚无性得到彰显的地步，并且意志开始进行自我陶醉的行为时，戏剧才是真正意义上的悲剧；这时它才达到最高目的，成为真正的崇高。

每个人都把他自己视野的界限当作世界的界限。这是一种智力上的错误，就像眼睛的错误一样不可避免，它让我们幻想天地在地平线上相遇。这就解释了许多事情，其中包括每个人都用自己的标准来衡量我们——通常和裁缝的胶带一样长，而我们不得不忍受它；还有，没有人允许我们比他高——这是一个一劳永逸的假设。

毫无疑问，许多人在生活中的好运完全归功于他有一个愉快的微笑方式，因此赢得了人们对他的喜爱。

然而，心脏最好小心点，记住哈姆雷特在他的石碑上写下的东西——一个人可以微笑，微笑，成为一个小人。

在一个人身上真正基本的东西，因此也是真正的东西，都是无意识地发挥作用；在这方面，就像自然界的力量。通过意识领域的东西因此被转化为一种观念或图画；因此，如果它被说出来，它只是一种从一个人到另一个人的观念或图画。

因此，任何真正的和持久的心智或性格的品质，最初都是无意识的；只有在无意识地发挥作用时，它才会产生深刻的印象。如果任何类似的品质被有意识地发挥出来，那就意味着它已经被锻炼出来了；它变成了有意的，因此也就成了被影响的问题，换句话说，是欺骗的问题。

如果一个人无意识地做一件事，他就不会花费任何麻烦；但如果他试图通过麻烦来做这件事，他就会失败。这适用于那些构成所有真正工作精髓和骨髓的基本思想的起源。只有与生俱来的才是真正的，才会站得住脚；每一个想有所成就的人，无论是在实际生活中，还是在文学或艺术方面，都必须遵循规则而又不知道它们。

能力很强的人，通常会发现与非常愚蠢的人在一起比与普通人在一起要好；同样的原因，暴君和暴民，祖父和孙子，是天然的盟友。

奥维德的那句话：

其他的动物都俯卧着，只能看着大地。

这句话只适用于低等动物的真正物理意义上；但从隐喻和精神意义上讲，它几乎对所有的人都是真实的。他们所有的计划和项目都融合在对身体享受和身体健康的渴望中。他们确实可能有个人的利益，往往包括一个非常不同的领域；但后者的重要性仍然完全来自他们与前者的关系。这不仅可以从他们的生活方式和他们所说的话中得到证明，而且还可以从他们的外表、他们的表情、他们的步态和手势中看出。他们的一切都在呼喊着：趴在地上！

不是对他们，只是对那些更高尚、更有天赋的人——那些真正在世界范围内思考和看待他们的人，并形成特殊的人性标本——才适用下一句话：

他给人以高昂的面孔并命令他仰望天空，
抬起直立的形象向着繁星。

没有人知道他自己有什么能力去做和受苦，直到有东西把它们唤醒：就像一池静水，像镜子一样躺在那里，没有任何迹象表明它可以从悬崖上跃起，但仍然是它的样子；或者再一次，像喷泉一样升到高空中。当水像冰一样冷的时候，你不可能知道它所包含的潜在的温暖。

为什么尽管拥有世界上所有的镜子，却没有人真正知道他的长相呢？

一个人可能会想起他朋友的脸，但不会想起他自己的脸。那么，在应用"认识你自己"这句格言的过程中，这里有一个最初的困难。

毫无疑问，这可以部分地解释为，一个人在生理上是不可能看到他自己的，除非他的脸直直地朝向玻璃，并且完全不动；在这里，眼睛的表情是非常重要的，并且真正赋予了脸部全部的特征，在很大程度上是失去了。但在我看来，与这种生理上的不可能同时存在的，还有一种性质类似的伦理上的不可能，并产生同样的效果。一个人不能把自己的倒影看成是一个陌生人；但如果他要采取客观的观点，这也是必要的。归根结底，客观的观点意味着个人作为一个道德的存在，有一种根深蒂固的感觉，即他正在考虑的东西不是他自己；除非他能采取这种观点，否则他不会以真正真实的眼光看待事物，而这只有在他对事物的实际缺陷保持清醒时才有可能。相反，当一个人在玻璃中看到自己的时候，他自我本性中的某些东西会对他耳语，让他注意记住他所看到的不是陌生人，而是他自己；这就像一个"无名小卒"，阻止他采取客观的看法。事实上，如果没有一粒恶意的酵素，这种观点似乎是不可能的。

根据一个人精神力量的发挥或放松，生命在他看来要么是如此短暂、琐碎、转瞬即逝，以至于没有什么事情可能发生，值得他花时间去思考。没有什么是真正重要的，无论是快乐还是财富，甚至是名声，无论一个人以何种方式失败，他都不会失去很多——或者，另一方面，生活会显得如此漫长、如此重要、如此全面、如此关键、如此充满困难，以至于我们必须全身心地投入其中，如果我们要在其中获得一份货物，确保其奖品，并实施我们的计划。后者是对生活的内在和普通的看法。这就是格拉西安所说的认真看待事物的方式——"认真看待生活"。前者是超验的观点，奥维德的《毫无价值》很好地表达了这一点——不值得这么麻烦；然而，柏拉图的说法更好，人类事务中没有什么值得大惊小怪。心灵的这种状况是由于智力在意识领域占了上风，在那里，它摆脱了单纯的意志服务，客观地看待生活现象，因此不能不对其虚妄和徒劳的特性获得清晰的洞察。但在心灵的另一种状态下，意志占主导地位；而智力的存在只是为了照亮它实现其欲望的道路。

　　一个人是伟大的还是渺小的，取决于他对生活这一或那一观点的倾向。

能力很强的人，很少考虑承认自己的错误和弱点，也不愿意让别人看到。他们认为这些错误和弱点是他们应得的报酬；他们不认为这些弱点是他们的耻辱，而认为他们是在为这些弱点争光。尤其是当这些错误是与他们的品质联系在一起的时候，更是如此。

相反，有些人品行端正，智力无可指摘，他们非但不承认自己的几个小缺点，反而小心翼翼地掩盖它们，并对任何关于它们存在的暗示表现得非常敏感。而这只是因为他们的全部优点在于没有错误和缺陷。如果这些人被发现做了什么错事，他们的声誉会立即受到影响。

对于能力一般的人来说，谦虚只是一种诚实；但对于那些拥有巨大才能的人来说，谦虚就是虚伪。因此，对于后者来说，毫不掩饰他们对自己的尊重，毫不掩饰他们意识到自己有不寻常的能力这一事实，就像对于前者来说，谦虚也是一种态度。瓦勒里乌斯·马克西姆斯在他关于自信的一章中给出了一些很好的例子。

不去看戏就像上厕所时没有镜子。但是，不征求朋友的意见就做出决定，那就更糟糕了。因为一个人可能在所有其他事情上都有最出色的判断力，但在与自己有关的事情上却出了差错；因为在这里，意志一下子就进来了，使理智变了质。因此，人要向朋友请教。一个医生能治好所有人的病，但治他自己却不行。如果他生病了，他就会去找一个同事。

在我们所做的一切中，我们或多或少都希望能走到最后。我们急于完成，也乐于完成。但是，所有的最后一幕，也就是总的结局，通常来说，我们希望越远越好。

每一次离别都是对死亡的预示；每一次重逢都是对复活的预

示。这就是为什么即使是对彼此漠不关心的人，在分开二三十年后再次相聚时也会如此欢欣鼓舞。

　　智力在非常真实和基本的方面是不同的，但仅仅通过一般的观察，是无法进行比较的。有必要走近一些，深入一些细节，因为存在的差异是无法从远处看到的，而且通过外在的表象来判断是不容易的，比如在教育、休闲和职业的几个案例中。但即使仅从这些方面来判断，也必须承认，许多人的存在程度至少是另一个人的十倍，换句话说，是十倍的存在。

　　我在这里说的不是野蛮人，他们的生活往往只比森林里的猿人高一个等级。例如，考虑一下那不勒斯或威尼斯的搬运工（在欧洲北部，对冬季的忧虑使人们更乐于思考，因此也更善于思考）；看看他的生活，从开始到结束，被贫穷所驱使，靠体力生活；通过艰苦的工作、巨大的努力、不断的骚动、各种形式的匮乏来满足每一天，不，是每一小时的需要，对明天没有任何关心；他唯一的安慰是在疲惫之后的休息；不断的争吵；没有一刻是可以自由思考的；没有气候温和、食物充足的感官享受；最后，作为形而上学的因素，他对教会的粗俗迷信……整个形成了一种只有低度意识的生活方式，一个人在那里匆匆忙忙，或者说被匆匆忙忙地度过他的生存。这种不安和混乱的梦境构成了多少人的生活！

这种人只考虑到执行他们当下的意愿所必需的东西。他们从不把自己的生活作为一个整体来考虑，更不用说考虑一般的存在了；在某种程度上，他们可以说是在不知不觉中存在着。以这种不假思索的方式生活的暴徒或奴隶的存在，比我们完全局限于当下的畜生的存在要近得多；但是，正是由于这个原因，它的痛苦也比我们少。而且，由于所有的快乐在本质上都是消极的，也就是说，包括从某种形式的痛苦或需要中解脱出来，在着手做某事和完成某事之间不断地迅速交换，这是他们所做的工作的长期伴随，然后又是当他们从工作到休息和满足他们的需要时所采取的增强的形式——所有这些给他们提供了一个持续的享受来源；而且在穷人中比在富人中更经常看到快乐的脸，这一事实肯定证明它被用于良好的用途。

从这种人开始，再考虑一下清醒、理智的商人。他过着投机的生活，长期思考他的计划，并非常谨慎地执行这些计划，建立一个房子，供养他的妻子、他的孩子和后代；在社区生活中也有他的份额。很明显，这样的人比前者有更高的意识，因此他的存在有更高的现实性。

再看看那些有学问的人，他们研究的可能是过去的历史。他将达到这样的地步：一个人开始意识到整体的存在，超越他自己的生活时期，超越他自己的个人利益，思考世界历史的整个过程。

最后，看看诗人或哲学家，在他们身上，思考已经达到了这样的高度，他不是被吸引去研究存在的任何一个特定现象，而是惊奇地站在存在本身——伟大的斯芬克斯面前，并把它作为自己的问题。在他身上，意识已经达到了清晰的程度，它包含了世界本身：他的智力已经完全放弃了作为他意志的仆人的功能。现在把世界放在他面前，这个世界呼吁他去研究和考虑它，而不是在其中扮演一个角色。那么，如果意识的程度就是现实的程度，这样的人将被说成是最存在的，这样描述他将是有意义的。

在这里勾画的两个极端和中间的阶段之间，每个人都能找到自己所处的位置。

我们知道，人在总体上优于所有其他动物，在他接受训练的能力方面也是如此。穆斯林被训练成每天朝向麦加祷告五次；而且他们从未失手。基督徒被训练为在某些场合下画十字、鞠躬，等等。事实上，可以说宗教是训练艺术的杰作，因为它训练人们特定的思维方式，而且众所周知，你越早开始这个过程越好。如果你在五岁之前就开始灌输它，并不断地以一种非常庄重的方式重复它，那么就没有什么荒谬的事情是如此明显的，它可以牢牢地扎根在人的头脑中。因为就动物而言，人的情况也是如此，只有在年轻时开始训练才会成功。

贵族和绅士们被训练成除了他们的荣誉之外，没有任何东西是神圣的——保持对可笑的骑士精神准则的热忱、严格和毫不动摇的信念；如果被要求这样做，他们会通过为它而死来证实他们的信念，并认真地把国王视为更高层次的存在。

同样，我们的礼貌表达，我们的恭维，特别是我们对女士们的恭敬关注，是一个训练的问题；我们对良好的出身、等级、头衔等的尊重也是如此。同样性质的还有我们对任何针对我们的侮辱所感到的怨恨，而这种怨恨的程度可能完全由侮辱的性质决定。例如，一个英国人认为被告知他不是绅士，或者更糟糕的是被告知他是个骗子，这是一种致命的侮辱；如果你说他是个懦夫，法国人会有同样的感觉；如果你说他是个傻瓜，德国人也将有同样的感觉。

　　有许多人被训练成在某一特定事项上严格遵守荣誉，而他们在其他方面却没有什么荣誉可言。例如，许多人不会偷你的钱，但他会对你的所有东西下手，他可以不用付钱就能享受。一个做生意的人常常会毫无顾忌地欺骗你，但他绝对不会去偷窃。

　　想象力在一个人身上是很强的，当大脑的那种使他能够观察的特殊功能被唤起活动时，不需要任何必要的感官刺激。因此，我们发现，想象力的活跃程度与我们的感官不受外界物体的刺激成正比。长期的孤独，无论是在监狱还是在病室；安静、黄昏、黑暗——这些都是促进它活动的东西；在它们的影响下，它就会自己发挥作用。另一方面，当大量的材料呈现在我们的观察能力面前时，如在旅途中，或在世界的喧嚣中，或在光天化日之下，想象力是闲置的，即使有人呼唤它，它也拒绝变得活跃，仿佛它知道那不是它合适的时间。

　　然而，如果想象力要产生任何真正的产品，它必须从外部世界获得大量的材料。这是它的仓库能够被填充的唯一方式。幻想的滋养方式与身体的滋养方式基本相同，身体最没有能力做任何工作，就在它接受它必须消化的食物的时候，它喜欢什么都不做。然而，正是由于这些食物，它才有了后来在适当时候发挥出来的力量。

意见就像一个钟摆，遵守同样的规律。如果它从一边走过重心，就必须从另一边走过同样的距离；只有在一定时间后，它才能找到真正的点，从而保持静止。

　　通过一个矛盾的过程，空间的距离使事物看起来很小，因此没有缺陷。这就是为什么景观在收缩的镜子或照相机中看起来比现实中要好得多。同样的效果也是由时间上的距离产生的。很久以前的场景和事件，以及参与其中的人，对记忆的眼睛来说，都具有迷人的一面，它只看到轮廓，未注意到令人不快的细节。现在没有这样的优势，所以它总是显得有缺陷。

　　同样，在空间方面，离我们很近的小物体看起来很大，如果它们很近，我们可能看不到其他东西，但当我们走得稍远时，它们就变得很微小，看不见了。在时间方面也是如此。每天的小事件和小事故，只要它们离我们近，就会让我们充满情感、焦虑、烦恼、激情，这时它们显得那么大、那么重要、那么严肃；但一旦它们被无休止的时间流带走，它们就失去了原有的意义；我们不再想它们，很快就会完全忘记它们。它们之所以大，只是因为它们很近。

　　快乐和悲伤不是心灵的想法，而是意志的情感，所以它们不属于记忆的范畴。我们无法回忆起我们的快乐和悲伤；我的意思是，我们无法更新它们。我们只能回忆起伴随它们的想法，特别是我们被引导说的那些话；而这些构成了我们当时感受的一个标准。因此，我们对喜怒哀乐的记忆总是不完美的，它们一结束就会成为我们漠不关心的事情。这解释了我们有时试图恢复过去的快乐和痛苦的虚荣心。快乐和痛苦本质上是意志的事情；而意志本身并不具备记忆力，而记忆力是智力的功能；反过来，记忆力除了思想和观念之外，什么都没有发出和吸收，而这一点在这里是没有问题的。

　　一个奇怪的事实是，在糟糕的日子里，我们可以非常生动地回忆起现在已经不复存在的美好时光；但在美好的日子里，我们对糟糕的事情只有非常冷淡和不完美的记忆。

我们对实际物体或图片的记忆比对单纯的概念的记忆要好得多。因此，良好的想象力使我们更容易学习语言。因为在想象力的帮助下，新词会立即与它所指向的实际对象结合起来；而如果没有想象力，它就只能与母语中的对应词平行。

记忆学不应该只是指通过使用一些直接的双关语或俏皮话来间接地将某些东西保留在记忆中的艺术；相反，它应该被应用于一个系统的记忆理论，并通过提及它的真实性质和这些属性之间的关系来解释它的几个属性。

在生活中，有一些时刻，我们的感官获得了更高和更罕见的清晰程度，这与我们周围环境的性质没有任何特别的关系；而且可以解释的是，仅从生理学的角度来看，这是由内部向外作用的某种增强的易感性状态的结果。这样的时刻在记忆中留下了不可磨灭的印象，并完整地保留了自己的个性。我们无法给出任何理由，也无法解释为什么在这么多类似的时刻中，这个时刻会被特别记住。这似乎就像在岩石层中发现现在已经灭绝的整个动物种族的单个标本；或者当我们打开一本书时，发现一只昆虫意外地被压在叶子里一样，都是偶然的。这样的记忆总是甜蜜而愉快的。

偶尔会发生这样的情况：没有特别的原因，被遗忘已久的场景突然在记忆中出现。在许多情况下，这可能是由于一些难以察觉的气味的作用，这些气味伴随着这些场景，现在又和以前一样出现了。因为众所周知，嗅觉在唤醒记忆方面特别有效，而且一般来说，唤醒一连串的想法并不需要太多。我可以顺便说一下，视觉与理解力有关，听觉与理性有关，而正如我们在本案例中看到的，嗅觉与记忆有关。触觉和味觉更多的是物质的，并依赖于接触。它们没有理想的一面。

在记忆的特殊属性中还必须考虑到，轻微的醉酒状态往往会大大增强对过去时间和场景的回忆，以至于与之相关的所有情况都比清醒状态下的记忆要清晰得多。但是，另一方面，对醉酒期间所说或所做的事情的回忆通常是不完善的；不，如果一个人已经完全醉了，那么它就完全消失了。因此，我们可以说，虽然醉酒会增强人们对过去的记忆，但对现在的记忆却很少。

　　人需要某种外部活动，因为他们的内心是不活跃的。相反，如果他们内心活跃，他们就不愿意自己被拖出；这对他们的思想有干扰和阻碍，而这种干扰和阻碍往往是对他们最有害的。

　　我并不奇怪，有些人在发现自己独处时感到无聊；因为如果他们是自己一个人，他们就不能笑。这种想法对他们来说是愚蠢的。
　　那么，我们是否要把笑看成是给别人的信号—— 一个单纯的信号，就像一个词？使人们在独处时无法发笑的原因无非是缺乏想象力，头脑普遍昏沉，就像提奥弗拉斯特所说的那样。厌世者梅森有一次被这些人中的一个吓了一跳，因为他正自顾自地笑着。他问道："你为什么要笑？没有人和你在一起。""这正是我笑的原因。"梅森听到对方回答说。

自然的手势，如通常伴随着任何生动的谈话，是一种自己的语言，甚至比语言更广泛——我的意思是，它独立于语言，在所有国家都是一样的。诚然，各民族使用这种语言的比例与他们的活泼程度成正比，而且在特殊情况下，例如在意大利人中，它被某些特殊的手势所补充，而这些手势仅仅是常规的，因此只具有局部价值。

在对它的普遍使用中，手势与逻辑和语法有一些相似之处，因为它与对话的形式有关，而不是与对话的内容有关；但另一方面，它又与它们有区别，因为它更具有道德性而不是智力性；换言之，它反映了意志的运动。作为谈话的伴奏，它就像旋律的低音；如果像音乐中那样，它保持着高音的进展，就能起到增强效果的作用。

在谈话中，手势取决于传达主题的形式。有趣的是，无论主题是什么，随着形式的重复，同样的手势也在重复。因此，如果我碰巧看到——比如说，从我的窗口看到两个人在热烈地交谈，而我却听不到一个字，但我却能完全理解它的一般性质；我的意思是，正在说的事情的种类和它采取的形式。这一点是没有错的。演讲者正在争论一些事情，提出他的理由，然后限制其应用，然后把它们带回家，并在胜利中得出结论；或者他正在叙述他的经历，也许毫无疑问地证明他受到了多大的伤害，但提出最清楚、最有力的证据，表明他的对手是愚蠢和顽固的人，是不会被说服的。或者，他正在讲述他制订的辉煌计划，以及他是如何将其成功实施的，或者也许是因为运气不好而失败；或者，可能是，他正在说他完全不知道该怎么做，或者他很快就看到了为他设置的一些陷阱，通过坚持自己的权利或使用一点武力，他成功地挫败并惩罚了他的敌人。如此这般，类似的案例有数百个。

然而，严格地说，我仅从手势中得到的是一个抽象的概念，即正在说的东西的基本内容，而且，无论我从道德或智力的角度来判断，这也是如此。它是谈话的精髓，是谈话的真正内容，无论谈话是由什么引起的，也无论谈话的内容是什么，这一点都是相同的；两者之间的关系是一个一般概念或类别名称与它所涵盖的个人的关系。

正如我所说的，这件事最有趣和最好玩的部分是用于表示同一组情况的手势是完全相同和有联系的，即使是由气质非常不同的人来做；因此，这些手势变得完全像语言中的单词，对每个人来说都是一样的，只受制于口音和教育的不同而产生小的修改。然而，毫无疑问，这些每个人都在使用的站立姿态，并不是约定俗成或相互勾连的结果。它们是原始的、与生俱来的，是真正的自然语言；可能是通过模仿和习惯的影响而得到巩固。

众所周知，仔细研究手势是演员的职责之一；同样的事情也适用于公众演讲者，但程度要小一些。这种研究必须主要包括观察他人和模仿他们的动作，因为除了一些非常普遍的主导原则外，没有任何抽象的规则可以适用于这个问题，例如——举个例子——手势不能跟在话语后面，而是要紧接在话语之前，以此来宣布它的接近和吸引听众的注意力。

英国人对手势有一种特殊的蔑视，认为它是一种粗俗和不体面的东西。在我看来，这是他们愚蠢的偏见，是他们普遍谨慎的结果。因为在这里，我们有一种自然界赋予每个人的语言，每个人都能理解；而取消和禁止这种语言，没有更好的理由，只是因为它与备受赞誉的东西——绅士风度——相抵触，这种做法非常值得商榷。

人性特点

那些渴望幸福、辉煌和长寿的人，

而不是渴望有美德的人，

就像愚蠢的演员，他们想永远扮演伟大的角色，

即那些以辉煌和胜利为标志的角色。

他们没有看到，重要的不是做什么或做多少，

而是如何做。

那些渴望幸福、辉煌和长寿的人，而不是渴望有美德的人，就像愚蠢的演员，他们想永远扮演伟大的角色，即那些以辉煌和胜利为标志的角色。他们没有看到，重要的不是做什么或做多少，而是如何做。

既然一个人不会改变，他的道德品质在他的一生中绝对不变；既然他必须扮演他所得到的角色，而不能有丝毫的偏离；既然经验、哲学和宗教都不能在他身上产生任何改善，那么问题来了，生命的意义到底是什么？这场闹剧的目的是什么呢？在这场闹剧中，所有重要的东西都是不可改变的，都是确定的。

它的作用是使一个人能够了解自己，使他能够看到他所寻求和已经寻求的是什么；他想要什么，因此他是什么。这是一种必须从外部传授给他的知识。生命对人来说，换句话说，对意志来说，就像化学试剂对身体的作用一样：只有通过生命，一个人才能揭示他是什么，也只有在他揭示自己的时候，他才存在。生命是性格的体现，是我们通过这个词所理解的东西的体现；不是在生命中，而是在生命之外，在时间之外，性格发生了变化，这是生命所赋予的自我认识的结果。生活只是一面镜子，一个人注视着它，不是为了得到自己的反映，而是为了通过这种反映来了解自己；他可以看到镜子所显示的东西。生活就是校对表，在校对表上可以看到作曲家的错误。这些错误如何显现，字体是大是小，都是无关紧要的事，无论是在生活的外表还是在历史的进程中，都没有任何意义；因为无论错误发生在大字体还是小字体，都是一样的，就事情的本质而言，无论一个邪恶的性格被映射为世界的征服者，还是一个普通的诈骗者或心怀不轨的自我主义者，都是一样的。在一种情况下，他被所有的人看到；在另一种情况下，也许只有他自己看到；但他应该看到自己，这才是最重要的。

因此，如果利己主义牢牢抓住了一个人并控制了他，无论是以快乐、胜利、欲望、希望、疯狂的悲伤、恼怒、愤怒、恐惧、怀疑或任何形式的激情，他都在魔鬼的魔掌中，他如何进入这些魔掌并不重要。重要的是，他应该急于摆脱它们；在这里，如何摆脱也不重要。

我从理论上把性格描述为一种超越时间的意志行为，而时间中的生活或行动中的性格则是其发展。在实际生活中，我们都拥有这两者；因为我们是由这两者构成的。性格对我们生活的影响比我们想象的要大，而且在某种程度上，每个人都是自己命运的设计师，这是事实。毫无疑问，似乎我们的命运几乎完全是由外界分配给我们的，并以某种方式传授给我们，就像外界的旋律传入耳朵一样。但回顾我们的过去，我们马上就会发现，我们的生活仅仅是由同一个主题的变化组成的，即我们的性格，而同一个基本的低音贯穿了这一切。这是一个人可以而且必须在自己身上进行的体验。

不仅是一个人的生活，而且是他的智力，只要他的智力被应用于理论问题，就可能拥有一个清晰和明确的特征。然而，并不是每个人都有这种智力；因为我所说的任何这种明确的个性都是天才——对世界的原创性看法，它以绝对特殊的个性为前提，而这正是天才的本质。一个人的智力特征是他所有作品的主题，他的作品是在此基础上的变化。在我在魏玛写的一篇文章中，我把它称为每个天才创作作品的诀窍，不管他的作品有多少种。这种智力特征决定了天才的相貌——我可以称之为理论上的相貌——并赋予其主要在眼睛和额头上看到的那种独特的表现。就普通人而言，他们的相貌与天才的相貌相比，只是一种微弱的相似性。另一方面，所有的人都拥有实际的相貌，即意志、实际性格和道德倾向的印记；它主要表现在嘴里。

由于性格，就我们对其性质的理解而言，是高于和超越时间的，所以在生活的影响下，它不能发生任何变化。但是，尽管它必须始终保持不变，但它需要时间来展开自己，显示它可能拥有的非常不同的方面。因为性格由两个因素组成：一个是生活意志本身，盲目的冲动，所谓的急躁；另一个是意志在了解世界时获得的克制；而世界，又是意志本身。一个人可以从追随欲望的渴望开始，直到他看到生活是多么的空虚和不真实，它的快乐是多么地具有欺骗性，它拥有多么可怕的一面。正是这一点使人们成为隐士、忏悔者、抹大拉的人。然而，我们应该注意到，除非是主动放弃快乐的人，否则不可能从沉溺于快乐的生活转变为屈服的生活。一个真正糟糕的生活不可能被改变成一个有德行的生活。最美丽的灵魂，在它从可怕的一面认识生活之前，可能会热切地喝下生活的甜头而保持清白。但它不能做坏事；它不能为了自己的快乐而使别人受苦，因为在这种情况下，它将清楚地看到自己在做什么；无论它多么年轻和缺乏经验，它都能清楚地看到别人的痛苦和自己的快乐。这就是为什么一个不好的行为可以保证，一旦情况允许，就会有无数的其他行为发生。有人曾公正地对我说过，每个人的性格中都有一些非常好的和人道的东西，也有一些非常坏的和恶毒的东西；而且根据他的情绪，这些东西中的一个或另一个会出现。看到别人的痛苦，不仅在不同的人身上，而且在同一个人身上，一会儿引起无尽的同情，一会儿引起某种满足；这种满足可能会增加，直到它成为痛苦中最残酷的乐趣。我注意到，在我自己身上，在某一时刻，我以发自内心的怜悯看待所有的人；在另一时刻，我以最大的冷漠看待他们；在某些时候，我以憎恨看待他们，不，是积极享受他们的痛苦。

所有这些都非常清楚地表明，我们拥有两种不同的，不，是绝对矛盾的，看待世界的方式：一种是根据个体化原则，它把所有生物都看作是我们的全部陌生人，绝对不是我们自己。我们对他们没有任何感情，只有冷漠、羡慕、憎恨和对他们的痛苦感到高兴。另一种看待世界的方式是按照我所说的 Tat twam asi（这是你自己）原则。所有生物都被展示为与我们自己相同；因此，看到它们引起的是怜悯和爱。

一种方法是用不可逾越的障碍将个人分开；另一种方法是消除障碍，将个人聚在一起。一种方法使我们感到，对于每一个人，这就是我；另一种方法，这不是我。但值得注意的是，虽然看到别人的痛苦使我们感到自己与他的身份相同，并引起我们的怜悯，但看到别人的幸福时却不是这样。的确，嫉妒是一种常见的情感，我们几乎总是感到有些嫉妒；即使在某些情况下，我们可能没有这种感觉，例如，当我们的朋友是幸福的，但我们对他们幸福的兴趣是微弱的，不能与我们对他们痛苦的同情相比。这可能不是因为我们认识到所有的幸福都是一种错觉，或者是对自身的福祉的阻碍。我更倾向于认为，这是因为看到我们被剥夺的快乐或财产，会引起嫉妒；也就是说，我们希望自己，而不是其他人，拥有这种快乐或财产。嫉妒源于对我们自己生活中所缺乏的东西的渴望。

这只是看待世界的第一种方式，它是建立在任何可证明的理由之上的。另一种方式，就像它是这个世界的大门；它没有超越自身的证明，除非它是我的学说所提供的非常抽象和困难的证明。为什么第一条路在一个人身上占主导地位，而第二条路在另一个人身上占主导地位——尽管它也许并不完全在任何一个人身上占主导地位；为什么一个人或另一个人根据意志的变化而出现——这些都是很深的问题。白天和黑夜的道路是紧密相连的。

一个事实是，在一个经验性的人物和另一个经验性的人物之间存在着巨大的原始差异；而这种差异，从根本上说，是建立在个人意志与智力的关系上的。这种关系最终是由父亲的意志和母亲的智力程度决定的；而父亲和母亲的结合在很大程度上是一件偶然的事情。如果不是因为父母和儿子之间的差异只是现象性的，而且所有的机会在本质上都是必然的，那么这一切都意味着世界本质上的一种令人厌恶的不公正。

关于意志的自由，如果意志仅仅表现在一个单一的行为中，那将是一个自由行为。但是，意志表现在一个生活过程中，也就是说，表现在一系列的行为中，因此这些行为中的每一个都是作为一个完整整体的一部分而被决定的，而且不可能以其他方式发生，除非它确实发生了。另一方面，整个系列是自由的；它只是个人化意志的表现。

如果一个人感到有做坏事的倾向而不去做，他要么是被挡住了，要么是（1）对惩罚或报复的恐惧；要么是（2）迷信，换句话说，对未来生活惩罚的恐惧；要么是（3）同情的感觉，包括一般的慈善；要么是（4）荣誉的感觉，换句话说，对耻辱的恐惧；或（5）通过正义感，即对忠诚和善意的客观依恋，再加上对它们的神圣决心，因为它们是人与人之间所有自由交往的基础，因此往往对自己也有好处。这最后一个想法，实际上不是作为一种思想，而是作为一种单纯的感觉，非常频繁地影响着人们。正是这一点，常常迫使一个有荣誉感的人，在有人给他一些巨大但不公正的好处时，轻蔑地拒绝它，并自豪地宣称：我是一个有荣誉感的人！因为不然的话，一个穷人怎么会有机会得到这种好处？因为不然的话，一个穷人面对机会甚至一些更坏的机构赋予富人的财产，而正是富人的存在使他变得贫穷，他怎么会对这种财产感到如此真诚的尊重，甚至在他需要的时候也拒绝去碰它；尽管他有希望逃脱惩罚，但还有什么其他的想法可以成为这种人诚实的底线呢？他决心不把自己与拥有地球、其法律在各地得到承认的可敬之人的伟大群体分开。他知道，一个不诚实的行

为会使他永远被排斥在这个社会之外。不！一个人愿意在任何能
给他带来好果实的土壤上花钱，他还会为之做出牺牲。

对于一个好的行动，也就是一个人自己的利益表面上服从
于另一个人的利益的每一个行动，其动机要么是（1）自我利益，
保持在后台；要么是（2）迷信，换句话说，以另一种生活中的
奖励形式的自我利益；或（3）同情；或（4）伸出援助之手的愿
望，换句话说，对我们应该在需要时互相帮助的格言的依恋，以
及考虑到有一天我们自己可能会发现轮到我们时，维持这一格言
的愿望。对于康德所说的出于责任动机和为了责任而做的良好行
为，正如我们所看到的，根本就没有任何空间。康德本人宣称，
一个行动是否仅仅由纯粹的责任动机决定是值得怀疑的。我肯定
地说，从来没有任何行动是这样做的；这只是胡言乱语；其中没
有任何东西可以真正作为任何人的动机。当他把自己藏在这种言
语的背后时，他总是被我所描述的四种动机之一所驱动。在这些
动机中，显然只有同情心才是真正的、真诚的。

好的和坏的只适用于性格；也就是说，我们更喜欢好的而不
是坏的；但是，绝对来说，没有这种区别。差异产生于使自己的
利益服从于他人的利益和不使自己的利益服从于他人之间。如果
一个人保持在准确的中间位置，他就是公正的。但是，大多数人
在考虑别人的福利时都是一寸一寸的，而在考虑自己的福利时则

是二十码。

就我们对它的真正了解而言，好的和坏的性格的来源在于：对于坏的性格，对外部世界的思考，特别是对其中生物的思考，伴随着——所有这些生物与个人自我之间的相似度越高，就越是有一种持续的"不是我""不是我""不是我"的感觉。

与此相反，在良好的性格中（两者都被认为是高度存在的），同样的思想像一个基本的低音一样，有一种我、我、我的持续感觉。

然而，这种差异只是现象上的，尽管它是一种根本的差异。但现在我们来到了所有问题中最困难的地方。虽然作为事物本身的意志是相同的，而且从形而上学的角度来看，它的所有表现形式都是一样的，但在一个角色和另一个角色之间却存在着如此巨大的差异——一个角色的恶毒、邪恶，与之相对的是另一个角色的善良表现得更加突出。为什么我们会有提比略、卡利古拉、卡拉卡拉、图密善、尼禄；而另一方面，又会有安东尼、提图斯、哈德良、涅尔瓦？在动物中，不，在更高的物种中，在个别动物中，怎么会有类似的差异呢？——猫的恶意在老虎身上得到最强烈的发展；还有猴子的怨恨；另一方面，狗和大象的善良、忠诚和爱。很明显，畜生的邪恶原则与人的邪恶原则是一样的。

我们可以在一定程度上改变这个问题的难度，因为整个差异最终只是一个程度上的差异。在每一种生物中，基本的倾向和本能都存在，但它们存在的程度和比例非常不同。然而，这还不足以解释事实。

我们必须回到智力及其与意志的关系上来，这是剩下的唯一解释。然而，一个人的智力与他的性格的好坏没有任何直接和明显的关系。诚然，我们可以区分两种智力：一种是理解力，即按照充分理性原则对关系的理解；另一种是认知力，一种类似于天才的能力，它更直接地发挥作用，独立于这一法则，并超越独立原则。后者是领悟思想的能力，它是与道德有关的能力。但即使是这样的解释，也有很多地方需要改进。优秀的头脑很少是优秀的灵魂，这是让·保罗的正确观察；尽管他们从来都是相反的。培根勋爵，可以肯定的是，他与其说是一个优秀的灵魂，不如说是一个优秀的头脑，他是一个恶棍。

我已经宣布空间和时间是个体化原则的一部分，因为只有空间和时间才使类似物体的多重性成为可能。但多重性本身也承认多样性；多重性和多样性不仅是定量的，而且是定性的。怎么会有质的多样性这种东西，特别是在伦理问题上？还是我陷入了一个与莱布尼茨因他的不可分者同一性原理而陷入的错误相反的错误？

知识多样性的主要原因是在大脑和神经系统中找到的。这一事实在一定程度上减轻了这一问题的模糊性。畜生的智力和大脑都严格地适应它们的目标和需要。只有人偶尔会有例外，有一种多余的东西，如果它是丰富的，可能会产生天才。但是，伦理的多样性，似乎是立即从意志中产生的。否则，伦理特性就不会超越时间，因为只有在个人身上，智力和意志才会结合在一起。意志是超越时间的，是永恒的；而性格是与生俱来的；也就是说，它产生于同样的永恒，因此，除了超验的解释，它不允许有任何其他解释。

也许有人会在我之后出现，向这个黑暗的深渊投射光亮。

为自己思考

单纯的经验和阅读一样，并不能取代思考。

纯粹的经验与思考的关系，

犹如进食之于消化吸收的关系。

当经验吹嘘说只有通过它的发现，

才推动了人类知识的进步时，

就像是嘴巴扬言整个身体的生存只是它的功劳。

处于混乱状态的最大图书馆，不如一个较小但有秩序的图书馆有用；同样，最大的知识量，如果没有在自己的头脑中琢磨过，其价值就不如一个经过充分考虑的小得多的知识。因为只有当一个人把他从各方面知道的东西结合起来，把一个真理与另一个真理进行比较时，他才能完全实现自己的知识，并把它纳入自己的能力。一个人只能思考他所知道的东西，因此他应该学习一些东西；但一个人只理解他所思考过的东西。

一个人可以将自己的自由意志用于阅读和学习，而不能用于思考。思考必须像火一样被水点燃，并由对该主题的某种兴趣来维持。这种兴趣可以是纯客观的，也可以只是主观的。后者存在于与我们个人有关的事务中，但客观的兴趣只存在于那些天生就会思考的头脑中，对他们来说，思考就像呼吸一样自然；但他们是非常罕见的。这就是为什么在大多数有学问的人身上很少有这种兴趣。

自己思考和阅读之间对心灵影响的差异大得令人难以置信；因此，它不断地发展着心灵的原始差异，促使一个人去思考，另一个人去阅读。阅读强迫思想，而这些思想对于它当时可能处于的弯曲和情绪来说是陌生和不一致的，就像印章对于印在上面的蜡一样。心灵因此受到来自外部的完全强迫；它首先要思考这个，首先要思考那个，而当时它既没有本能也不喜欢这些。

另一方面，当一个人自己思考时，他遵循自己的冲动，而这种冲动要么是由他的外部环境，要么是由某种回忆在当时决定的。他可见的环境并不像阅读那样在他的头脑中留下一个明确的想法，而只是为他提供材料和机会，让他思考符合他本性和当前情绪的东西。这就是为什么大量阅读会使头脑失去所有的弹性；它就像把一个弹簧放在一个持续的、沉重的重量之下。如果一个人不想思考，最安全的计划就是在有空闲的时候直接拿起一本书。

这种做法说明了这样一个事实：学习使大多数人比他们的天性更加愚蠢和愚昧，并使他们的著作无法获得成功；他们仍然像波普所说的那样：

永远阅读，永不被阅读！

有学问的人是那些阅读过书籍内容的人。思想家、天才，以及那些启迪世界和促进人类发展的人，是那些直接利用了世界之书的人。

事实上，只有一个人自己的基本思想才有真理和生命。因为只有这些才是他真正完全理解的。阅读别人的思想就像吃别人的残羹剩饭，就像穿上一个陌生人丢弃的衣服。

我们读到的思想与我们心中升起的思想有关，就像史前植物的化石印象与春天发芽的植物有关。

阅读只是一个人自己思想的替代品。一个人允许他的思想被放入领导的绳索中。

此外，许多书籍只是为了说明有多少条错误的道路，以及如果一个人允许自己被它们所引导，他可能会走得很远。但是，那些被自己天才引导的人，也就是说，那些为自己思考的人，那些自愿和正确思考的人，拥有找到正确方向的指南针。因此，一个人只有在他自己的思想来源停滞不前的时候才应该读书；这往往是最好的思想的情况。

通过拿起书本吓跑自己的原创思想，是对圣灵的罪。这就像一个人从自然界飞来，去看一个干枯的植物博物馆，或者去研究铜版画中的美丽风景。一个人有时会在花了很多时间自己思考后得出一个真理或想法，把他的各种想法联系在一起，而他本来可以在书中找到同样的东西；如果他通过自己的思考获得了它，那么它的价值就大了一百倍。因为只有通过他自己的思考，它才会作为一个完整的部分，作为一个活生生的成员进入他的整个思想体系，并与之保持完整而牢固的关系；它从根本上被理解，并带有他自己思维方式的色彩、阴影和印记；在感觉到需要它的时候，它就会出现，并牢固地存在，不能被遗忘。这就是歌德的完美应用，不，是对歌德的解释。

你们从你们的父辈那里继承的东西，
获得它，才能拥有它。

为自己思考的人只是在后来才知道他的观点的权威，而这些权威只是为了加强他的观点和他自己；而书本上的哲学家则从权威和其他人的观点出发，从中为自己构建一个整体；这样他就像一个自动机，其构成我们并不了解。另一方面，另一个人，即为自己思考的人，就像一个由自然界制造的活人一样。他的思想从外部受到浸润，然后孕育出自己的孩子。仅仅通过学习得来的真理附着在我们身上，就像一个人造的肢体、一颗假牙、一个蜡制的鼻子，或者充其量就像用别人的肉做成的；通过自己思考获得的真理就像一个自然的成员：只有它真正属于我们。在这里，我们触及了有思想的人和单纯学问家之间的区别。因此，为自己思考的人所获得的知识就像一幅充满生命力的好画，它的明暗正确，色调持久，色彩完美和谐。相反，仅仅有学问的人的智力成就就像一个大调色板，上面布满了各种颜色，最多只是有系统地排列，但没有和谐、关系和意义。

阅读是用别人的脑袋而不是自己的脑袋来思考。但是，为自己思考是为了努力发展一个连贯的整体，一个系统，即使它不是一个严格意义上的完整系统。最有害的莫过于通过不断的阅读，加强他人思想的流传。这些思想来自不同的头脑，属于不同的系统，带有不同的色彩，它们从来没有自己流向一个统一的思想、知识、洞察力或信念，而是用巴比伦式的混乱的舌头塞满了脑袋；因此，头脑变得过度充实，被剥夺了所有清晰的洞察力，几乎乱成一团。这种情况在许多有学问的人身上经常可以看到，它使他们在正确的理解、正确的判断和实际的策略方面不如许多文盲，这些文盲通过经验、谈话和少量的阅读，从外部获得了一些知识，并使这些知识总是从属于他们自己的思想，并与之结合。

科学思想家也在更大程度上做到了这一点。虽然他需要很多知识，而且必须阅读大量的书籍，但他的思想足以克服这一切，吸收这些知识，将其纳入他的思想体系，并使其服从于他洞察力的有机相对统一，而这种洞察力是巨大的、不断增长的。通过这种方式，他自己的思想，就像管风琴中的低音一样，总是在所有的事情上起主导作用，而不会像纯粹的古人的思想那样，被其他的声音压制住；在那里，各种音乐段落，就像它一样，相互冲撞，而基本的音调则完全丧失。

那些一生都在读书并从书本中获得智慧的人，就像那些从许多旅行者的描述中获得一个国家的确切信息的人。这些人对很多事情都能说得头头是道；但在内心深处，他们对这个国家的状况没有任何联系及清晰、正确的认识。而那些一生都在思考的人就像亲自到过那个国家的人；只有他们才真正知道自己在说什么，知道这个主题的全部内容，并在其中相当自如。

普通的书籍哲学家与一个为自己思考的人的关系，就像一个目击者与历史学家的关系一样；他从自己对主题的直接理解中说话。

因此，所有为自己思考的人都持有基本相同的观点；如果他们有分歧，那是因为他们持有不同的观点，但当这些观点不改变事情时，他们都说同样的话。他们只是表达了他们从客观角度所掌握的东西。我经常犹豫要不要向公众提供一些段落，因为它们具有矛盾性，后来我欣喜地发现，很久以前的伟人作品中也表达了同样的思想。

另一方面，书籍哲学家讲述一个人说过的话和另一个人的意思，以及第三个人反对的东西，等等。他比较、权衡、批判，并努力弄清事情的真相，这种方式类似于批判历史学家。例如，他将试图找出莱布尼茨在其一生中是否有一段时间是斯宾诺莎的追随者，等等。好奇的学生会在赫尔巴特的《道德和自然权利的分析性阐释》以及他的《关于自由的信》中找到我所说的引人注目的例子。我们很惊讶这样一个人竟然给自己找了这么多麻烦；因为很明显，如果他把注意力放在这个问题上，只要自己稍微思考一下，很快就会达到目的。

但有一个小困难需要克服。这种事情不取决于我们自己的意志。人们可以在任何时候坐下来读书，但不能思考。思想和人一样：我们不能总是随心所欲地召唤它们，而是必须等待它们到来。对某一主题的思考必须通过外部动机与精神气质和应用的愉快和谐的结合而自动产生；而这正是这些人似乎从未出现过的情况。

这一点在涉及我们个人利益的问题上有一个说明。如果我们必须对这种事情做出决定，我们不能在任何特定的时刻坐下来，找出理由并做出决定；因为在这种时候，我们的思想往往不能固定下来，而是会游移到其他事情上；对这个问题的不喜欢有时是造成这种情况的原因。我们不应该使用武力，而应该等待，直到这种情绪自己出现。它经常出乎意料地出现，甚至重复出现；在不同时期拥有我们的不同情绪为这个问题带来了另一种启示。正是这个漫长的过程被理解为一个成熟的决议。因为我们必须分配下决心的任务；许多以前被忽略的东西出现在我们面前；厌恶也消失了，因为在更仔细地检查这个问题之后，它似乎比第一眼看到的要更容易被容忍。

理论上也是如此：一个人必须等待合适的时机；即使是最伟大的头脑也不一定能在任何时候为自己思考。因此，它最好利用空闲时间阅读，正如已经说过的，阅读是对自己思考的一种替代；通过这种方式，让另一个人替我们思考，向头脑输入材料，尽管它总是以一种与我们自己不同的方式进行。因此，一个人不应该读太多的书，以免他的思想习惯于替代物，甚至忘记有关的问题；以免他习惯于走已经走过的路，并通过遵循一个外来的思想路线而忘记自己的思想。一个人最不应该为了读书而把注意力从现实世界中完全抽离出来：因为导致一个人自己思考的冲动和脾气往往来自现实世界而不是来自读书；因为可见的和现实的世界在其原始性和力量方面是思维的自然主题，而且比其他任何东西都更容易唤起它。经过这些考虑，我们就不会惊讶地发现，思考者可以很容易地从书本上的哲学家中区分出来，因为他有明显的认真、直接和独创性，他所有的思想和表达都是个人的信念；而书本上的哲学家则一切都是二手的；他的思想就像一堆无论如何都会得到的旧布条；他沉闷而毫无意义，类似于一个副本的副本。他的风格，充满了传统的，不，是粗俗的短语和当前的术语，就像一个小国家，那里有外国货币的流通，因为它没有自己的硬币。

单纯的经验可以像阅读一样取代思想。单纯的经验主义与思考的关系就像吃饭与消化的关系一样。当经验夸口说只有它的发现推动了人类的知识，就好像嘴巴夸口说只有它的工作才能维持身体。

所有真正有能力的人的作品都有别于所有其他作品，因为它们具有决定性和明确性的特点，因此也具有清晰性和明了性。这是因为，像这样的思想明确地知道他们想表达什么——无论是用散文、诗词还是音乐。其他的思想则缺乏这种决定性和清晰性，因此可以立即被识别出来。

一个最高标准的思想的特点是其判断的直接性。它说出的每句话都是自己思考的结果；这一点在它表达自己思想的方式中处处可见。因此，它就像一个王子，在智力领域是一个帝国的主管。所有其他的思想都只是代表，从它们的风格可以看出，它们没有自己的印记。

因此，每一个真正的思想家到目前为止都像一个君主；他是绝对的，并且不承认任何人在他之上。他的判断，就像君主的法令一样，来自他自己的主权权力，直接来自他自己。他对权威的重视程度不亚于君主对命令的重视程度；除非他本人授权，否则任何东西都是无效的。另一方面，那些具有庸俗思想的人，被各种现行的观点、权威和偏见所左右，就像那些默默服从法律和命令的人。

那些急于通过提出权威来解决有争议问题的人，当他们能够用别人在这个领域的理解和洞察力来代替自己的不足时，他们真的很高兴。他们的人数是很多的。因为，正如塞内卡所说："每个人都更愿意相信而不是判断。"

他们在争论中通常使用的武器是权威。他们用它来打击对方，无论谁被卷入战局，都最好不要用理性和论据为自己辩护；因为使用这种武器，他们就像长着角的齐格弗里德，沉浸在无力思考和判断的洪水中。他们会把他们的权威作为论据提出来，然后喊出胜利。

在现实领域，无论它多么公平、快乐和令人愉快，我们总是受重力法则的控制，我们必须不断地克服它。而在思想领域，我们没有实体的精神，不受重力法则的控制，不受贫穷的影响。

这就是为什么世界上没有任何幸福能比得上一个优秀而富有成果的心灵在自己身上发现的幸福。

思想的存在就像我们爱人的存在。我们想象我们将永远不会忘记这个思想，而且这个爱人永远不会对我们漠不关心。但是，眼不见，心不烦！最美好的思想如果不写下来，就有被不可逆转地遗忘的危险，而亲爱的人如果我们不娶她，就有被抛弃的危险。

有许多思想对思考者来说是有价值的；但在这些思想中，只有少数思想具有产生反响或反射作用的力量，也就是说，在它们被写下来之后，能赢得读者的同情。只有一个人直接自己想出来的东西才有真正的价值。思想家可以分为以下几类：首先是那些为自己思考的人，以及那些直接为他人思考的人。前者是真正的思想家，他们在两种意义上都是为自己思考；他们是真正的哲学家；只有他们是认真的。此外，他们生存的乐趣和幸福就在于思考。其他人则是诡辩家。看起来，他们希望在从其他人那里得到的东西中寻求到他们的幸福；他们的诚意就在于此。一个人属于这两类人中的哪一类，很快就能从他的整个方法和态度中看出。利希滕贝格是第一类人的例子，而赫德显然属于第二类人。

当人们考虑到存在的问题是多么的伟大，离我们是多么的近，——这个模棱两可的、折磨人的、转瞬即逝的、像梦一样的存在——如此的伟大，如此的近，以至于一旦人们察觉到它，它就掩盖了所有其他问题和目的。当人们看到所有的人——除了少数罕见的例外——都没有清楚地意识到这个问题，不，甚至似乎没有看到这个问题，而是为其他一切而烦恼，而不是为这个问题而烦恼，只为今天和他们个人几乎不长的未来考虑，而他们要么明确地放弃这个问题，要么准备同意这个问题，借助于一些流行的形而上学系统，并对此感到满意。我说，当一个人反思这一点时，他可能会认为，人只是在非常遥远的意义上是一个有思想的人，而不会对任何无思想或愚蠢的特征感到特别惊讶；他知道，正常人的智力前景确实超过了野蛮人——他们的整个存在类似于一个持续的现在，没有任何对未来或过去的意识，但是，还没有达到人们惯常所认为的程度。

与此相应，我们在大多数人的谈话中发现，他们的思想被割裂得像糠一样小，使他们不可能把话语的主线延伸到任何长度。如果这个世界是由真正思想的人组成的，那么各种噪音就不会被普遍容忍，因为最可怕的和无目的的噪音形式确实是如此。如果大自然打算让人思考，她就不会给他耳朵，或者，无论如何，她会像蝙蝠一样给他们提供密不透风的翅膀，因为这个原因，蝙蝠值得羡慕。但是，事实上，人和其他动物一样，是一种可怜的动物，其能力只能维持他的生存；因此，他要求他的耳朵总是打开，以便在晚上和白天宣布追捕者的到来。

荣誉的本质

荣誉就是外在的良心，

而良心就是内在的荣誉，

这个说法或许能够满足很多人。

客观上，荣誉是他人对我们价值的看法；

主观上，则是我们对他人看法的顾忌，

它常常会给注重荣誉的人带来某种有益的影响。

　　荣誉是一个比等级地位大得多的问题，而且更难讨论。让我们尝试从定义它开始。

　　如果我说荣誉是外在的良心，而良心是内在的荣誉，毫无疑问，很多人都会同意；但是，这样的定义更多的是作秀，而不是现实，它很难触及问题的根源。我更愿意说，荣誉在其客观方面是其他人对我们价值的看法；在其主观方面，它是我们对这种看法的尊重。从后者的角度来看，成为一个有荣誉感的人，就是行使通常是非常健康的，但绝不是纯粹的道德影响。

　　荣誉和耻辱的感觉存在于每一个没有完全堕落的人身上，而荣誉在任何地方都被认为是特别有价值的东西。这方面的原因如下。一个人靠自己的力量是无法完成的；他就像荒岛上的鲁滨逊，只有在社会中，一个人的能力才能被充分调动起来。当他的意识开始发展时，他很快就发现了这一点，并且在他心中产生了被视为社会有用成员的愿望。也就是说，作为一个人，他有能力发挥自己的作用——对于男性部分——从而获得享受社会生活的权利。现在，要成为社会的有用成员，必须做两件事：第一，每个人在任何地方都要做的事；第二，他自己在这个世界上的特殊地位所要求和需要做的事。

但一个人很快就会发现，一切都取决于他是否有用，不是在他自己看来，而是在别人看来；因此，他尽力在这个世界上留下有利的印象，他对这种印象非常重视。因此，人性中这种原始的、与生俱来的特性，被称为荣誉感，或者在另一个方面，被称为羞耻感。正是这种感觉使人一想到自己在别人心目中的地位突然下降，就会脸红心跳，即使他知道自己是无辜的，不，即使他的疏忽没有延伸到绝对的义务，而只是延伸到他自己自愿承担的义务。反过来说，生活中没有什么能比获得或恢复别人对他的好感更让人有勇气的了；因为这意味着每个人都会给他帮助和保护，这比他自己做的任何事情都要强得多，是抵御生活中各种弊端的堡垒。

一个人为了获得别人的信任，也就是他们的好感，可以站在各种不同的关系上，这就产生了几种荣誉的区别，主要是基于"我"对"你"的不同关系；或者，也是基于各种承诺的履行；或者最后是基于两性的关系。因此，有三种主要的荣誉，每一种都有不同的形式——公民荣誉、官方荣誉和性荣誉。

公民荣誉的范围最广。它包括一个假设，即我们将无条件地尊重他人的权利，因此，绝不使用任何不公正或不合法的手段来获得我们想要的东西。它是人与人之间所有和平交往的条件；它被任何公开和明显不利于这种和平交往的东西所破坏，因此，任何会导致法律惩罚的东西，总是假设这种惩罚是公正的。

荣誉的最终基础是坚信道德品质是不可改变的：一个单一的坏行为意味着未来同类行为在类似情况下也是坏的。这一点在英语中被很好地表达出来，性格这个词的意思是信用、名誉、荣誉。因此，荣誉一旦丧失，就永远无法恢复；除非这种丧失是由于某种错误造成的，例如，如果一个人被诽谤或他的行为被错误地看待，就可能发生这种情况。因此，法律规定了对诽谤、中伤，甚至侮辱的补救措施；因为侮辱虽然不过是单纯的辱骂，但却是一种掩盖了理由的简易诽谤。我的意思可以用希腊语来表达——没有引用任何作者的话——这是恶魔的诅咒。的确，如果一个人辱骂另一个人，他只是表明他没有真正的或真实的理由来抱怨他；否则，他将把这些作为前提提出来，并依靠他的听众自己得出结论：相反，他给出了结论，而忽略了前提，相信人们会认为他这样做只是为了简短。

公民荣誉的存在和名称来自中产阶级；但它同样适用于所有人，不包括最高层的人。没有人可以无视它，它是一件非常严肃的事情，每个人都应该注意不要轻视。破坏信任的人就永远失去了信任，无论他做什么，无论他是谁；失去信任的痛苦后果永远无法避免。

在某种意义上，荣誉可以说是与名声的积极特征相对立的消极特征。因为荣誉不是人们对一个人可能碰巧拥有的特定品质的看法，而是他们对一个人可能会表现出的品质的看法，而且他不应该被证明是虚假的。因此，荣誉意味着一个人并不特别；名声则意味着他是特别的。名声是必须赢得的东西；荣誉只是不能失去的东西。没有名声就是默默无闻，这只是一种消极的东西；但失去荣誉就是羞耻，这是一种积极的品质。荣誉的这种消极特性不能与任何被动的东西相混淆；因为荣誉在其工作中首先是积极的。它是唯一直接来自表现它的人的品质；它完全与他所做的和未做的有关，而与他人的行为或他们在他道路上设置的障碍无关。这完全是我们自己的力量。正如我们将看到的，这一区别将真正的荣誉与骑士精神的虚假荣誉区分开来。

诽谤是唯一可以从外部攻击荣誉的武器；而击退攻击的唯一方法是用适当的宣传来驳斥诽谤，并适当地揭开说出诽谤的人的面具。

尊重年龄的原因是，老年人在他们的生活过程中必然会显示出他们是否能够保持他们的荣誉不受损害；而年轻人的荣誉还没有被证明，尽管他们被认为拥有这种荣誉。因为无论是年限——在低等动物的情况下可与之媲美，甚至更胜一筹——还是经验——只是对世界的方式有了更深入的了解，都不能成为年轻人在任何地方都要对老年人表示尊重的充分理由：因为如果仅仅是年限问题，年龄所带来的弱点反而会让人觉得不值得尊重。然而，一个显著的事实是，白发总是令人肃然起敬—— 一种真正与生俱来和本能的敬畏。皱纹—— 一个更明显的老龄化标志——根本不值得尊敬；你从来没有听到有人说过可敬的皱纹；但可敬的白发是一种常见的说法。

荣誉只有一个间接的价值。因为，正如我在本章开头所解释的那样，其他人对我们的看法，如果对我们有影响的话，也只能在它制约他们对我们的行为时影响我们，而且只是在我们与他们生活在一起或与他们有关系的情况下。但是，在文明状态下，我们和我们的财产所享有的安全只归功于社会；在我们所做的一切中，我们需要他人的帮助，而他们在与我们发生任何关系之前，也必须对我们有信心。因此，他们对我们的看法间接地是一个非常重要的问题；尽管我看不出它如何能有直接或直接的价值。这也是西塞罗的观点。他写道，"我非常同意克里西普斯和第欧根尼曾经说过的话，即如果不是因为好的声誉非常有用，就不值得动用手指去获得"。爱尔维修在他的主要作品《论精神》中，用了很大的篇幅坚持了这一真理，其结论是：我们喜欢尊敬不是为了它本身，而只是为了它带来的好处。由于手段永远不会超过目的，因此，正如我所说的，那句被人津津乐道的"荣誉比生命本身更重要"是一个非常夸张的说法。那么，关于公民的荣誉，就说这么多吧。

官方荣誉是其他人的普遍看法，即一个担任任何职务的人确实应具有必要的素质，能够适当地履行与之相关的所有职责。一个人在国家中要履行的职责越大、越重要，他所担任的职务越高、越有影响力，人们对他的道德和智力素质的看法就越强烈，使他适合担任这个职务。因此，他的地位越高，对他的尊敬程度就越高，这表现在头衔、命令和其他人对他的普遍顺从上。一般来说，一个人的官阶意味着应该给予他的特定程度的荣誉，无论这个程度如何被群众的能力所改变，以形成对其重要性的任何概念。然而，事实上，履行特殊职责的人比普通公民获得的荣誉要大，因为普通公民的荣誉主要是指远离不光彩的事情。

此外，官员的荣誉感还要求占据一个职位的人必须保持对它的尊重，这既是为了他的同事，也是为了他的后继者。官员可以通过适当地履行职责，以及击退任何可能对职位本身或任职者进行的攻击来保持这种尊重，例如：他决不能对任何关于职位职责没有得到适当履行，或职位本身没有促进公共福利的说法置之不理。他必须通过执行对这些攻击的法律惩罚来证明这些攻击的无理性质。

在官方人物的荣誉之下，还有那些以任何其他身份为国家服务的人的荣誉，如医生、律师、教师，总之，任何通过毕业于任何学科，或通过任何其他公开声明他有资格行使某种特殊技能的人，都声称自己在从事这种工作；简而言之，所有那些做出任何公开承诺的人的荣誉。在这个标题下，是真正意义上的军人荣誉，即认为那些承诺保卫自己国家的人真的具备使他们能够这样做的必要素质，特别是勇气、个人的勇敢和力量，而且他们完全准备好保卫自己的国家直到死亡，并且在任何情况下都不会抛弃他们曾经宣誓效忠的国旗。我在这里把官方荣誉理解为比一般意义上的荣誉更广泛的意义，即公民对一个职位本身的尊重。

在讨论性荣誉和它所依据的原则时，有必要多加注意和分析；我所说的将支持我的论点，即所有的荣誉实际上都建立在功利的基础上。这个问题有两个自然的划分——女性的荣誉和男性的荣誉，任何一方都是在一个被充分理解的团队精神中产生的。到目前为止，前者是两者中更重要的，因为妇女生活最基本的特征是她与男人的关系。

女性的荣誉是对女孩的普遍看法，即她是纯洁的，而对妻子的看法是她是忠诚的。这种观点的重要性基于以下考虑。妇女在生活的所有关系中都要依靠男人；可以说，男人只在一个方面依靠妇女。因此，我们做出了一个相互依赖的安排——男人要对女人的所有需求负责，也要对他们结合后产生的孩子负责——这个安排的基础是整个女性种族的福利。为了实施这一计划，妇女必须团结起来，表现出团队精神，向她们共同的敌人——男人——展示一个完整的阵线，因为男人拥有地球上所有的好东西，凭借他优越的体力和智力，以便围攻和征服他，从而占有他和这些好东西的一部分。为此，所有妇女的荣誉取决于执行这样的规则，即除了婚姻之外，任何妇女都不应该把自己交给一个男人，以便每个男人都可以被迫投降并与一个女人结盟；通过这种安排，为整个女性种族提供了保障。然而，这是一个只有严格遵守规则才能得到的结果；因此，各地的妇女都表现出真正的团队精神，认真坚持维护这一规则。任何违反规则的女孩都是对整个女性种族的背叛，因为如果每个女人都这样做，其福利就会被破坏；所以她会被当作失去荣誉的人而羞愧地赶出去。没有女人会和她有任何关系；她就像瘟疫一样被避开。同样的厄运也会降临到破坏婚姻关系的女人身上；因为她这样做是对男人投降条件的欺骗；而且由于她的行为会使其他男人害怕做出类似的投降，这就危及了她所有姐妹的福利。不仅如此，这种欺骗和粗暴的违背婚姻关系的行为是一种犯罪，不仅要受到个人荣誉的损失，还要受到公民荣誉的惩罚。这就是为什么我们把女孩的羞耻感降到最低，而不是妻子的羞耻感；因为在前一种情况下，婚姻可以恢复荣誉，而在后一种情况下，违约行为将无法进行补偿。

　　一旦这种团队精神被承认是女性荣誉的基础，并被视为一种健康的，不，是必要的安排，因为它是一个谨慎和利益的问题，它对妇女福利的极端重要性将被承认。但是，它所拥有的不过是一种相对价值。它不是绝对的目的，超越所有其他存在的目的，其价值高于生命本身。在这种观点下，卢克丽霞或维吉尼厄斯的强迫和奢侈的行为没有什么值得称赞的，这种行为很容易堕落为悲剧性的闹剧，并产生一种可怕的反感。例如，艾米利亚·加洛蒂的结论让人完全无法安心地离开剧院；另一方面，所有关于女性荣誉的规则都无法阻止人们对埃格蒙特的克拉拉产生某种同情心。把女性荣誉的原则贯彻得太远，就是在考虑手段时忘记了目的，而这正是人们经常做的事；因为这种夸张的做法表明，性荣誉的价值是绝对的；而事实是，它比任何其他种类的荣誉都更具有相对性。人们甚至可以说，它的价值纯粹是传统的，当人们从托马斯那里看到，在所有的时代和国家，直到宗教改革时期，不规范的行为是被允许的，并得到法律的承认，对女性的荣誉没有任何减损，——更不用说巴比伦的米立达神庙了。

　　当然，在民间生活中，也有一些情况使得外部的婚姻形式无法实现，特别是在天主教国家，那里没有离婚这回事。我认为，从道德的角度来看，各地的统治者最好是完全放弃形式，而不是缔结摩根式婚姻，因为如果合法的后代死亡，他们可能会对王位提出要求；因此，摩根式婚姻有可能产生一场内战，尽管这种可能性很小。此外，这种无视所有外在仪式而缔结的婚姻，是对妇女和牧师的一种让步——对这两类人，我们应该尽可能地小心翼翼，尽可能地减少对他们的牵制。需要进一步指出的是，一个国家的每个男人都可以娶他所选择的女人，只有一个可怜的人除外，即王子。他的手属于他的国家，只有出于国家的原因，也就是为了国家的利益，才可以结婚。尽管如此，他还是一个男人；作为一个男人，他喜欢追随他的心之所向。禁止或希望禁止一个王子在这个问题上随心所欲，是一件不公正、忘恩负义和自以为是的事情；当然，只要这位女士对国家政府没有影响。从她的角度来看，她占据了一个特殊的位置，不属于普通的性荣誉规则；因为她只是把自己交给了一个爱她的人，而她爱的人却不能结婚。总的来说，女性荣誉的原则在自然界中没有起源，这一点可以从许多血腥的牺牲中得到证明——谋杀儿童和母亲自杀。毫无疑问，一个女孩如果违反了这一准则，就违背了对她整个性别的信任；但这种信任只是秘密地被认为是理所当然的，而不是宣誓的。而且，在大多数情况下，她自己的前景会立即受到影响，所以她的愚蠢比她的罪行要大得多。

男人的相应美德是我一直在讨论的那个美德的产物。这就是他们的团队精神，它要求，一旦一个人在婚姻中交出自己，而这对他的征服者是如此有利，他就应该注意维持条约的条款；这既是为了使协议本身不会因为在遵守方面的任何松懈而失去效力，也是为了使男人在放弃了一切之后，至少可以保证他们的交易，即独家拥有。因此，男人对妻子违反婚姻关系的行为表示不满，并对其进行惩罚，至少要与她分开，这是男人的荣誉之一。如果他纵容这种行为，他的同胞们就会对他感到羞耻。但这种情况下的羞耻并不像失去荣誉的女人那样肮脏；这种污点绝不是那么污秽不堪的颜色；因为男人与女人的关系从属于他生活中许多其他更重要的事务。近代两位伟大的戏剧诗人分别以男人的荣誉为主题创作了两部戏剧：莎士比亚的《奥赛罗》和《冬天的故事》，以及卡尔德隆的《维护荣誉的医生》和《秘密的伤害，秘密的报复》。然而，应该说，荣誉只要求惩罚妻子；惩罚她的姘头也是一种超然的行为。这证实了我的观点，即一个人的荣誉源自团队精神。

迄今为止，我所讨论的这种荣誉一直以其不同的形式和原则存在于所有国家和所有时代；尽管女性荣誉的历史表明，其原则在不同时期经历了某些局部的修改。但还有一种与此完全不同的荣誉，一种希腊人和罗马人都不知道的荣誉，直到今天，在中国人、印度人和穆斯林中也完全不知道。这是一种在中世纪才出现的荣誉，只在基督教的欧洲才有，不，只在极小部分的人口中才有，也就是说，社会的较高阶层和模仿他们的人中。它是骑士的荣誉，或称"荣誉点"。它的原则与我到现在为止一直在讨论的那种荣誉的原则完全不同，在某些方面甚至与之相对立。我所说的那种荣誉产生了骑兵；而另一种荣誉则创造了荣誉的人。既然如此，我将继续对其原则进行解释，作为一种骑士礼仪的准则或镜子。

首先，这种荣誉不在于别人对我们价值的看法，而完全在于他们是否表达了这种看法，不管他们是否真的有任何看法，更不用说他们是否知道有这样的理由。其他人可以因为我们的所作所为而对我们产生最坏的看法，也可以随心所欲地鄙视我们；只要没有人敢于表达他的看法，我们的荣誉就不会受到损害。因此，如果我们的行为和品质迫使其他人给予最高的尊重，而且他们别无选择，只能给予这种尊重，那么只要有人，不管他多么邪恶或愚蠢，说出一些贬低我们的话，我们的荣誉就会受到损害，不，是永远消失，除非我们能设法恢复它。对于我所说的，即骑士的荣誉不是取决于人们的想法，而是取决于他们所说的话，一个多余的证据是，侮辱可以被撤回，或者，如果有必要，形成一个道歉的主题，这使得他们好像从来没有说过那些话。表达背后的观点是否也得到了纠正，以及为什么要使用这种表达方式，这些都是完全不重要的问题：只要声明被撤回，一切都好。事实是，这种行为的目的不是为了赢得尊重，而是为了敲诈。

其次，这种荣誉不在于一个人做了什么，而在于他所遭受的，他所遇到的障碍；与在所有其他方面占上风的荣誉不同，在组成上，它不在于他自己说什么或做什么，而在于其他人说什么或做什么。因此，他的荣誉任由每个人摆布，他可以在舌尖上把它说出来；如果他攻击它，在一瞬间它就永远消失了，——除非被攻击的人设法通过一个我将提到的过程把它夺回来，这个过程涉及对他的生命、健康、自由、财产和心灵平静的危险。一个人的整个行为可能符合最正义和最崇高的原则，他的精神可能是有史以来最纯洁的，他的智力是最高级的；然而，在任何人乐意侮辱他的时候，他的荣誉就可能消失，任何没有冒犯过这种荣誉准则的人，让他成为最无价值的流氓或最愚蠢的野兽，一个游手好闲的人、赌徒、债务人，总之，一个根本不重要的人。通常是这种人喜欢侮辱别人；因为，正如塞内卡正确地指出，因为每个人都是最卑微和被嘲笑的，所以也是最放荡的，一个人越是可鄙和可笑，他的舌头就越快。他的侮辱最有可能是针对我所描述的那种人，因为品位不同的人永远不可能成为朋友，而看到卓越的功绩就容易激起一个不务正业者的暗怒。歌德在《西东诗集》中说得很对，抱怨你的敌人是没有用的；因为如果你的整个人都是对他们的责备，他们永远不可能成为你的朋友：

你抱怨敌人什么？
这样的人应该成为朋友吗？
对他们来说，本质是你，
默默地是永恒的责备吗？

很明显，这种毫无价值的人有充分的理由感谢荣誉原则，因为它使他们与那些在其他方面远远高于他们的人处于同一水平。如果一个人喜欢侮辱任何一个人，比如说，把一些不好的品质归咎于他，这就被初步认为是一个有根据的意见，在事实上是真实的；一个法令，就像法律的力量一样；不，如果它没有立即被血腥地抹去，它就是一个在所有时间都有效的判决。换句话说，在所有正直的人眼里，被侮辱的人仍然是发出侮辱的人——即使他是地球上最大的恶棍——所乐于称呼的人；因为他已经忍受了这种侮辱——我相信，这是一个专业术语。因此，所有正直的人都不会再和他有任何关系，把他当作麻风病人，而且，可能拒绝进入任何可能发现他的团体，等等。

我认为，这种明智的程序可以追溯到这样一个事实：在中世纪，直到15世纪，在任何刑事诉讼程序中，不是指控者必须证明被告有罪，而是被告必须证明自己无罪。他可以通过发誓自己无罪来做到这一点；而他的支持者必须来发誓，在他们看来，他没有能力做伪证。如果他找不到人以这种方式帮助他，或者指控者对他的支持者有异议，就不得不诉诸上帝的审判，这通常意味着决斗。因为被告现在正处于耻辱之中，必须为自己澄清。那么，这里就是耻辱的概念的起源，也是如今在可敬的人中盛行的整个制度的起源，只是省略了宣誓。这也是对可敬的人在被揭穿谎言时要表现出的那种深深的愤慨的解释；他们说这是一种必须用鲜血来洗刷的责难。然而，虽然谎言是经常发生的，但很少会走到这一步；但在英国，比起其他地方，这是一种迷信，已经深深扎根。按照惯例，一个人如果因为说了谎话而威胁要杀死另一个人，他自己就不应该说谎话。事实是，中世纪的刑事审判也允许采用一种较短的形式。在回答指控时，被告人回答说，那是一个谎言，然后就由上帝的审判来决定。因此，骑士的荣誉守则规定，当谎言被揭穿时，理所当然地要诉诸武力。那么，关于侮辱的理论就到此为止。

但是有一种比侮辱更可怕的东西，这种东西是如此可怕，以至于我必须请求所有正直的人原谅我在这本骑士荣誉守则中提到它；因为我知道他们一想到它就会发抖，头发都会竖起来——这是最可怕的东西，是世界上最大的罪恶，比死亡和诅咒更可怕。一个人可以给另一个人——可怕的事实！—— 一个巴掌或一个打击。这是一件可怕的事情，对所有荣誉都是致命的，虽然任何其他种类的侮辱都可以通过放血来治愈，但这只能通过政变来治愈。

第三，这种荣誉与一个人本身的情况完全无关；或者说，与他的道德品质是否会变得更好或更坏的问题，以及所有这些迂腐的问题都无关。如果你的荣誉碰巧受到攻击，或者在所有的表面上都消失了，那么只要你足够迅速地求助于一种普遍的补救措施——决斗，它就能很快恢复原状。但是，如果攻击者不属于承认骑士荣誉准则的阶层，或者他自己曾经冒犯过骑士荣誉准则，那么就有一种更安全的方法来应对对你荣誉的任何攻击，不管它是由打击还是由言语组成。如果你有武器，你可以当场击倒你的对手，或者一小时后。这将恢复你的荣誉。

但是，如果你希望避免这种极端的做法，因为你害怕而产生任何不愉快的后果，或者因为不确定侵犯者是否受制于骑士荣誉的法律，那么还有另一种使你的地位变得良好的方法，即"优势"。这包括以更大的无礼来回报无礼；如果侮辱没有用，你可以尝试反击，这构成了你荣誉的一种高潮。例如，一个耳光可以用棍子来报复，一次棍击可以用马鞭鞭打来还击；作为最后一种治疗方法，有些人建议你向对手吐口水。如果所有这些手段都无

济于事，你就不要吝惜流血。而这些消除侮辱的方法的原因，在
本守则中是这样的。

第四，接受侮辱是可耻的；给予侮辱是可敬的。让我举个
例子。我的对手有真理、正确和理性在他那边。很好。我侮辱了
他。于是，权利和荣誉离开了他，来到了我的身边，暂时，他已
经失去了它们——直到他把它们找回去，不是通过行使权利或理
性，而是通过射杀和刺杀我。因此，就荣誉而言，粗鲁是一种品
质，它可以替代任何其他品质，并胜过所有品质。最粗鲁的人总
是对的。你还想要什么呢？无论一个人多么愚蠢、恶劣或邪恶，
如果他是粗鲁的，他就会被宽恕他所有的错误并使之合法化。如
果在任何讨论或谈话中，另一个人表现出比我们有更多的知识，
更热爱真理，有更健全的判断力，有更好的理解力，或者普遍表
现出使我们的知识品质蒙上阴影，我们就可以立即取消他的优
越性和我们自己的浅薄，反过来通过侮辱和攻击，使我们比他优
越。因为无礼胜过任何论证；它完全超越了智力。如果我们的对
手不在乎我们的攻击方式，也不会更粗鲁地回答，从而使我们陷
入"阿维"的无耻竞争中，我们就是胜利者，荣誉就在我们这
边。真理、知识、理解、智慧、机智，必须打退堂鼓，把战场留
给这种万能的无礼。

如果有人提出与他们的意见相左的观点，或者表现出比他们

更多的智慧，正直的人就会立即骑上他们的战马；如果在任何争论中，他们不知如何回答，他们就会寻找一些无礼的武器，这也会起到同样的作用，而且更容易到手；所以他们就退居幕后了。现在应该很明显，人们对这种荣誉原则的赞扬是非常正确的，因为它使社会的格调更加高尚。这个原则来自另一个原则，它构成了整个法典的核心和灵魂。

第五，该法则意味着，一个人在与他人在荣誉问题上有任何分歧时，可以诉诸的最高法庭是身体力量的法庭，也就是野蛮。严格来说，每一种粗暴行为都是对粗暴行为的呼吁；因为它是一种声明，即智力和道德洞察力无力决定，战斗必须通过体力来进行——在富兰克林定义为制造工具的动物的人的情况下，这种斗争由该物种所特有的武器来决定；而且这种决定是不可逆转的。这是众所周知的强权原则——当然是讽刺，就像傻瓜的机智一样，是一个平行的短语。骑士的荣誉可以说是强权的荣耀。

最后，如果正如我们在上面看到的那样，公民的荣誉感在"我"和"你"的问题上是非常严格的，对义务和曾经做出的承诺非常尊重，那么我们在这里讨论的准则在另一方面显示了最高尚的自由。只有一个词是不能违背的，那就是荣誉之词——以我的名义，就像人们所说的那样——当然，假定其他任何形式的承诺都可能被违背。不，如果最坏的情况发生了，很容易违背甚至是一个人的荣誉之言，并且仍然保持荣誉——再次通过采取普遍的补救措施，即决斗，与那些坚持我们承诺的人战斗。此外，有一种债务，而且只有一种，在任何情况下都不能不偿还——赌债，因此被称为荣誉之债。在所有其他类型的债务中，你可以尽情地欺骗犹太人和基督徒；而你的骑士荣誉仍然没有污点。

没有偏见的读者马上就会看到，这种奇怪的、野蛮的、可笑的荣誉准则在人性中没有任何基础，在对人类事务的健康看法中也没有任何理由。它的运作范围极其狭窄，只能加剧这种感觉，它只限于中世纪以来的欧洲，而且只限于上层社会、军官和士兵以及模仿他们的人。希腊人和罗马人都不知道这种荣誉准则或其原则；亚洲的高度文明国家，无论是古代还是现代，也不知道。在他们中间，除了我首先讨论的那种荣誉外，没有其他荣誉被承认，根据这种荣誉，一个人就是他通过他的行为表现出来的，而不是任何摇摆不定的舌头乐意说他的东西。他们认为，一个人的言行也许会影响他自己的荣誉，但不会影响任何其他人的荣誉。对他们来说，打人不过是打人——任何马或驴子都可以打得更狠——在某些情况下，打人可能会使人生气，要求立即报复；但这与荣誉无关。没有人记录打击或侮辱性的话语，也没有人记录要求或不要求的补偿。然而，在个人的勇敢和对死亡的蔑视方面，古人肯定不比欧洲基督教国家差。如果你愿意，希腊人和罗马人是彻头彻尾的英雄；但他们对荣誉点一无所知。如果他们有任何关于决斗的想法，那也是与贵族的生活完全无关的；这只是雇佣军角斗士、专门用于屠杀的奴隶、被判刑的罪犯的展览，他们与野兽交替进行，被安排互相残杀，以作为罗马的节日。当基督教传入后，角斗士表演被取消了，在基督教时代，他们的位置被决斗所取代，这是一种通过上帝的审判来解决困难的方式。

如果说角斗士的战斗是对盛行的观赏欲望的残酷牺牲，那么决斗则是对现有偏见的残酷牺牲——不是对罪犯、奴隶和囚犯的牺牲，而是对贵族和自由人的牺牲。

在古人的性格中，有许多特征表明，他们完全没有这些偏见。例如，当马略被一个日耳曼酋长召唤去决斗时，他回答说，如果这个酋长厌倦了他的生活，他可以去上吊自杀；同时，他为他提供了一个老资格的角斗士，让他参加一两个回合。普鲁塔克在他的《提米斯托克列》中提到，有一次指挥舰队的欧鲁比阿德举起棍子要打他，提米斯托克列没有拔剑，只是说，打吧，但请听我说。如果读者是个正直的人，他一定会很遗憾地发现，我们没有任何资料表明，如果提米斯托克列有这样的行为，雅典的军官们就会集体拒绝在他手下继续服役。有一位现代法国作家宣称，如果有人认为德摩斯梯尼是一个有荣誉感的人，那么他的无知会激起人们怜悯的微笑；而西塞罗也不是一个有荣誉感的人！

在柏拉图《法律篇》中的某段话中，哲学家详细地谈到了 aikia，即"攻击"，他向我们清楚地表明，古人对与此类问题有关的任何荣誉感都没有概念。苏格拉底在频繁地讨论之后，经常被人狠狠地打一顿，而他却很温和地承受了这一切。例如，有一次，有人踢了他一脚，他忍受侮辱的耐心让他的一个朋友感到吃惊。苏格拉底说，你认为，如果一只驴子碰巧踢了我，我应该反感吗？在另一个场合，当他被问道，那个家伙没有辱骂和侮辱你吗？他的回答是："没有，他说的不是针对我的。"斯托拜厄保留了穆索尼乌斯的一段长文，从中我们可以看到古人是如何对待侮辱的。除了法律规定的解决方式，他们不知道其他的解决方式，而聪明的人甚至鄙视这种方式。如果一个希腊人的耳朵被打了一拳，他可以通过法律的帮助得到补偿；这一点从柏拉图的《高尔吉亚篇》中可以看出，苏格拉底的观点可以在这里找到。同样的事情也可以从格利乌斯对一个叫卢修斯·维拉提乌斯的人的描述中看出，他在没有任何挑衅的情况下，大胆地在他路上遇到的一些罗马公民的耳朵上打了一拳；但为了避免任何别有用心的后果，他让一个奴隶带了一袋小钱，并当场向那些被他的行为惊呆的人支付了微不足道的法律惩罚。

著名的犬儒主义哲学家克拉特斯，被音乐家尼科德鲁姆打了一拳，他的脸肿了起来，变得又黑又青；于是他在自己的额头上贴了一个标签，上面写着"尼科德鲁姆所做"，这让这个被全雅典人尊为家神的吹笛人犯下如此暴行感到非常丢脸。西诺普的第欧根尼在给梅勒西普的信中告诉我们，他被雅典人的酒鬼儿子们打了一顿；但他又说这是一件无关紧要的事。塞内卡在他的《论康斯坦丁》一书的最后几章中，用了很长的篇幅来讨论辱骂的问题，以表明一个聪明人不会在意这一点。在第十四章中，他说："如果一个聪明人被人打了，他应该怎么做？当有人打他的嘴时，加图也是这样做的——不发火，不报复，甚至不还击，而是直接无视它。"

是的，你说，但这些人都是哲学家，而你是傻瓜，嗯？正是如此。

显然，古人完全不知道整个骑士荣誉守则；原因很简单，他们总是以自然和无偏见的眼光看待人类事务，不允许自己被任何这种恶毒和可恶的愚蠢行为所影响。在他们看来，打脸就是打脸，仅此而已，是一种微不足道的身体伤害；而现代人则把它变成了一场灾难，成为悲剧的主题，例如，在皮埃尔·高乃依的《熙德》中，或者在最近一部名为《环境的力量》的德国中产阶级生活喜剧中，它本应被称为《偏见的力量》。如果巴黎国民议会一位议员的耳朵被打了一下，那会从欧洲的一端响到另一端。我所举的例子说明的在古典时代处理这种事件的方式，可能不符合可敬的人们的想法，因此，作为一种解毒剂，让我向他们推荐狄德罗的代表作《宿命论者雅克和他的主人》中德斯格兰兹先生的故事。这是一个现代骑士荣誉的优秀标本，毫无疑问，他们会发现这是一个令人愉快和有益的故事。

从我所说的情况来看，骑士荣誉的原则在人性中没有基本的和自发的来源，这一点一定是很明显的。它是一种人为的产物，其来源并不难找。骑士制度的存在显然可以追溯到人们用拳头多于用脑子的时代，当牧师的手艺把人类的智力束缚住的时候，即备受赞誉的中世纪。在那个时代，人们不仅让全能的上帝关心他们，而且还为他们做出裁决；在那个时代，困难的案件通过考验，即上帝的审判来决定；除了少数例外，这意味着决斗，不仅涉及贵族，而且也涉及普通公民的情况。莎士比亚的《亨利六世》中对此有一个很好的说明。每一个司法判决都要诉诸武器—— 一个更高级的法庭，即上帝的审判：这实际上意味着体力和活动，也就是我们的动物本性，在审判席上取代了理性，不是根据一个人做了什么，而是根据他被反对的力量来决定是非。事实上，这与今天在骑士荣誉原则下流行的制度相同。如果有人怀疑这就是我们现代决斗的真正起源，让他读一读 J.B. 米林根的优秀作品《决斗的历史》。不，你可能还会发现，在这种制度的支持者中——顺便说一句，他们通常不是最有教养或最有思想的人——有些人把决斗的结果看成是对争议事项的神圣裁决；这无疑是对这个问题传统看法的结果。

但撇开起源问题不谈，现在我们必须清楚地看到，这一原则的主要倾向是利用身体上的威胁来勒索表面上的尊重，而这种尊重在现实中被认为是很难获得的或多余的；这种做法与你用手按住温度计从而使它上升来证明你房间的温暖程度是一样的。事实上，事情的核心是这样的：公民的荣誉旨在和平交往，包括其他人认为我们值得充分信任，因为我们无条件地尊重他们的权利；另一方面，骑士的荣誉规定，我们应该被敬畏，因为我们决心不惜一切代价来维护自己的权利。

由于不能过多地依赖人的正直，因此，如果我们生活在自然状态下，每个人都必须保护自己并直接维护自己的权利，那么，引起恐惧比招致信任更重要的原则也许不会是一个错误。但在文明的生活中，国家承担着对我们的人身和财产的保护，这一原则就不再适用了：它就像强权即正义时代的城堡和瞭望塔一样，在耕作良好的田地和人迹罕至的公路甚至铁路中，是一个无用的和荒凉的物体。

因此，仍然承认这一原则的骑士荣誉的应用仅限于那些人身攻击的小案件，这些案件在法律面前只受到轻微的惩罚，甚至根本没有惩罚，因为这只是微不足道的小错误，有时只是在开玩笑。这一原则有限应用的后果是，它迫使自己对人的价值产生了夸大的尊重，这种尊重完全与人的本性、体质或命运格格不入，它将这种尊重夸大为一种神圣的东西：由于它认为国家对这种微不足道的伤害所施加的惩罚非常不够，它便自作主张地通过攻击侵犯者的生命或肢体对其进行惩罚。整个事情显然是建立在一种过度的傲慢的自尊心上，它完全忘记了人的真实面目，声称他应绝对不受任何攻击，甚至不受谴责。那些决定以主要力量执行这一原则，并宣布谁侮辱或打击我，谁就得死的那些人，应该为他们的痛苦而被驱逐出国。[1]

作为对这种轻率傲慢的补救措施，人们习惯于在任何事情上

---

[1] 骑士的荣誉是骄傲和愚蠢的孩子，它需要的不是骄傲，这是人类的遗产。这种极端形式的骄傲只出现在教人最谦卑的宗教信徒中，这是一个非常了不起的事实。不过，这种骄傲不能归咎于宗教，而应归咎于封建制度，它使每个贵族都成为不承认人类法官的小君主，并学会将自己的人身视为神圣和不可侵犯的，任何对其的攻击，任何打击或侮辱性的言语，都是可判处死刑的罪行。骑士荣誉和决斗原则起初只限于贵族，后来也适用于军队中的军官，他们与上层阶级有着一种断断续续的关系，尽管他们从未与他们结合在一起，但他们急于避免落后于他们。诚然，决斗是古老的决斗的产物；但后者不是基础，而是荣誉原则的结果和应用：不承认人类法官的人求助于神灵。然而，决斗并不是基督教国家所特有的：在印度人中，特别是在古代，可以发现它们的巨大影响力；甚至现在也有它们的痕迹。

让步。如果两个勇敢的人相遇，而他们都不愿意让步，那么最轻
微的分歧可能会引起一阵谩骂，然后是拳脚相加，最后是致命的
一击；因此，省略中间的步骤，立即诉诸武力，确实是一种更体
面的做法。诉诸武力有其特殊的手续；这些手续已经发展成为一
套严格而精确的法律和法规体系，共同构成了最庄严的闹剧——
一个献给愚蠢的正规荣誉殿堂！因为如果两个勇敢的人在一些
小事上发生争执（更重要的事务由法律来处理），其中一个人，
即两个人中更聪明的人，当然会屈服；他们会同意分歧。普通
人——或者说，社会上不承认骑士荣誉原则的众多阶层——让任
何争端自然而然地进行，就证明了这一点。在这些阶级中，杀人
事件比那些——也许他们总共只有千分之一的人——对原则表示
敬意的人要少上百倍，甚至连殴打也不经常发生。

有人说，良好社会的礼仪和格调最终是建立在这一荣誉原则
之上的，它与它的决斗制度一起被说成是抵御野蛮和粗鲁攻击的
堡垒。但是，雅典、科林斯和罗马可以肯定地夸耀良好的，不，
是优秀的社会，以及高尚的礼仪和格调，而不需要任何骑士荣誉
的支持。诚然，妇女在古代社会中并不像现在这样占据着突出的
位置，当时的谈话具有轻浮和琐碎的特点，而排除了使古人与众
不同的沉重的话语。

这种变化无疑在很大程度上促成了一种趋势，这种趋势在

当今良好的社会中是可以观察到的，那就是喜欢个人勇气而不是
拥有任何其他品质。事实上，个人勇气确实是一种非常次要的美
德——仅仅是一个次等人的显著标志，——事实上，在这种美德
方面，我们被低等动物所超越；否则你就不会听到人们说，像狮
子一样勇敢。骑士的荣誉远不是社会的支柱，它为不诚实和邪恶
提供了可靠的庇护，一般来说，也为小的不礼貌行为、缺乏考虑
和不礼貌提供了庇护。粗鲁的行为常常被默默地忽略，因为没有
人愿意冒着风险去纠正它。

　　与我的想法吻合的是，恰恰在那些政治和财政记录方面都欠
缺信誉的国家，决斗制度往往受到了推崇，甚至到了血腥狂热的
地步。至于这个国家的普通百姓是如何生活的，最好问问那些在
这方面有经验的人。长期以来，这样的国家欠缺文化和社交礼仪
方面的修养是显而易见的。

　　那么，这种借口是没有道理的。我们可以更公正地指出，正
如你对狗咆哮，它也会咆哮，你抚摸它，它也会抚摸；人的本性
就是以怨报德，对任何贬低的待遇或仇恨的迹象都会感到愤慨和
恼怒。而且，正如西塞罗所说，嫉妒的矛头是如此具有穿透力，
甚至有智慧和价值的人也会发现它的伤口是痛苦的；世界上没有
任何地方，也许除了少数宗教派别，是以平静的态度对待侮辱或
打击的。然而，对这两种情况的自然看法，在任何情况下都会要

求得到与罪行相称的补偿，而且绝不会把死亡作为对指责他人撒谎、愚蠢或懦弱的人的适当惩罚。古老的德国人以血还血的理论是骑士时代的一种令人反感的迷信。在任何情况下，对侮辱的回报或补偿都是由愤怒决定的，而不是由骑士精神的倡导者试图附加的任何荣誉和义务决定的。事实是，真相越大，诽谤就越大；很明显，对一些真正过失的最轻微的暗示，都会比完全没有根据的最可怕的指责带来更大的冒犯；因此，一个人如果非常确定自己没有做任何事来配得上指责，那就可以轻蔑地对待它，而且这样做很安全。荣誉的理论要求他表现出他所不具备的敏感度，并对他所感受不到的侮辱进行血腥的报复。一个人如果急于通过给他的敌人一个黑眼圈来防止不利意见的说出，他自己一定对自己的价值没有什么看法。

对自身价值的真正欣赏会使一个人真正对侮辱无动于衷；但如果他忍不住要反感，那么一点精明和文化就能使他挽回面子，掩饰自己的愤怒。如果他能摆脱这种对荣誉的迷信——我是说，当你受到侮辱时，荣誉就会消失，但可以通过还击侮辱来恢复。如果我们能阻止人们认为错误、粗暴和无礼可以通过表示愿意给予满足，也就是为捍卫它而战斗的合法化，我们就会很快得出普遍的看法，即侮辱和贬低就像一场战斗，失败者会获胜；而且，正如文森佐·蒙蒂所说，虐待类似于教堂的游行，因为它总是回到它出发的地方。如果我们能让人们从这个角度来看待侮辱，我们就不必再为了证明我们是正确的而说一些无礼的话。现在，不幸的是，如果我们想对任何问题采取严肃的看法，我们首先要考虑它是否会以某种方式冒犯呆子，呆子通常会对最轻微的智慧迹象表现出惊恐和怨恨；而且很容易发生的是，包含智慧观点的脑袋必须与除了狭隘和愚蠢之外什么都没有的笨蛋对立起来。如果这一切都被取消了，智力优势就可以在社会中占据应有的主导地位——虽然人们不愿意承认，但现在占据这一地位的是卓越的体格，实际上只是战斗力；这种变化的自然效果是，最好的那种人将有更少的理由退出社会。这将为引入真正的礼节和真正的好社会铺平道路，如在雅典、科林斯和罗马无疑存在的那样。如果有人想看看我的意思的一个好例子，我希望他能读一读色诺芬的《宴会》。

为骑士荣誉辩护的最后一个论点无疑是这样的："要是没有骑士名誉，这个世界岂不是无比喧闹和混乱？每个人都可以随便动粗——这太可怕了！"对此，我可以简要地回答说，一千人中有九百九十九人不承认法典，他们经常给予和接受打击而没有任何致命的后果；而在法典的信徒中，打击通常意味着一方的死亡。但让我更仔细地研究这个论点。

我经常试图找到一些站得住脚的，或至少是合理的依据——

而不仅仅是传统的依据—— 一些积极的理由，也就是说，为一部分人所持有的根深蒂固的信念，即打人是一件非常可怕的事情。但我无论是从人性的动物性还是理性方面去寻找，都是徒劳的。打击是，而且永远是，一个人可以对另一个人造成的微不足道的身体伤害；因此，除了证明他在力量或技巧上的优势，或者证明他的敌人失去了警惕之外，再无其他。分析不会让我们走得更远。同一个骑士把人的一击视为最大的灾难，如果他从他的马那里得到十倍于此的打击，那么当他在压抑的痛苦中一瘸一拐地离开时，他会向你保证，这是一个没有任何意义的问题。因此，我认为，人的手才是祸害的根源。然而，在一场战斗中，骑士可能会被同一只手割伤和刺伤，但他仍然向你保证，他的伤口不值得一提。现在，我听说，从剑的平面上击打，决不像用棍子击打那样糟糕；而且，不久以前，学员们有可能受到一个人的惩罚，而不是另一个人的惩罚，而所有的荣誉中，非常大的荣誉是赞誉。这就是我所能找到的所有心理或道德依据。因此，我只能宣布整个事情是一种根深蒂固的陈旧迷信，也是显示传统力量众多例子中的一个。众所周知的事实证实了我的观点：在中国，用竹子打人是对普通人，甚至是对每个阶层官员的一种非常频繁的惩罚；这表明，即使在高度文明的国家，人性在这里和在中国的运行方式也是不一样的。

相反，对人性没有偏见的看法表明，人打人就像野蛮的动物咬人和把人撕成碎片，或者有角的野兽攻击人或推人一样自然。人可以说是会打人的动物。因此，像我们有时听到的那样，一个人咬了另一个人，这对我们对事物的感觉来说是令人反感的；另一方面，他打人或被打是自然而然的，而且是日常发生的。随着我们受教育程度的提高，我们很高兴通过相互制约的制度来免除殴打，这是很容易理解的。但是，强迫一个国家或一个阶级把打人看作是一种可怕的不幸，其后果必须是死亡和谋杀，这是一件残酷的事情。世界上有太多真正的邪恶，不允许我们通过想象中的不幸来增加它们，而想象中的不幸又会带来真正的不幸；然而这正是迷信的效果，因此它同时证明了自己的愚蠢和恶毒。

在我看来，政府和立法机构试图在民事或军事生活中废除作为惩罚手段的鞭笞，从而助长这种愚蠢行为，是不明智的。他们的想法是，他们是为了人类的利益而行动；但事实上，他们所做的恰恰相反。因为废除鞭刑只会加强这种不人道和可憎的迷信，而人们已经为这种迷信做出了许多牺牲。对于所有的罪行，除了最严重的以外，殴打是显而易见的，因此也是自然的惩罚；一个人如果不听劝告，就会屈服于殴打。在我看来，对那些一无所有，因此不能被罚款，或不能被关进监狱的人实施体罚是正确和恰当的，因为他主人的利益会因为失去他的服务而受损。其实没有任何反对的理由：只有关于人的尊严的空谈——这种空谈不是来自关于这个问题的任何明确的概念，而是来自我一直在描述的有害的迷信。一个几乎可笑的例子证明了这一迷信是整个事情的根源所在。不久前，在许多国家的军事纪律中，猫被棍子取代了。在这两种情况下，目的都是为了产生身体上的痛苦；但后一种方法不涉及任何耻辱，也不贬低荣誉。

通过宣扬这种迷信，国家正在迎合骑士荣誉的原则，因而也迎合了决斗的原则；同时，它正试图，或至少它假装正在试图通过立法来废除决斗。一个自然的结果是，我们发现这个从中世纪最野蛮的时代流传下来的强权即公理的理论片段，在这个19世纪仍然有很大的生命力——这对我们来说是一种耻辱！现在是时候让这个原则消失了。现在是将这一原则一揽子赶走的时候了。现在，没有人被允许让狗或鸡互相争斗——无论如何，在英国，这是一种刑事犯罪，但是，由于这个荒谬的、迷信的和荒唐的原则的实施，人们违背自己的意愿，陷入了致命的争斗之中，正如其狭隘的支持者和倡导者所宣称的那样，它强加给我们的义务是，为了任何小事，像角斗士一样互相争斗。让我建议我们的纯粹主义者采用"诱惑"而不是"决斗"的说法，它可能不是来自拉丁文的 duellum，而是来自西班牙文的 duelo，意思是痛苦、讨厌、烦扰。

在任何情况下，我们都可以嘲笑这种愚蠢的制度所带来的迂腐的过度。这条原则及其荒唐的法典，可以在国家内部形成一种权力——国中之国——这种权力太容易启动了，它不承认权利，只承认权力，通过保持一种宗教裁判所，对进入其范围内的阶级实施暴政，对任何人都可以用最站不住脚的借口叫到面前，然后使他和他的对手在生死问题上受到审判，这实在令人反感。这是一个潜伏的地方，每一个流氓，如果他只属于有关的阶级，就可以威胁甚至消灭最高贵和最好的人，而这些人，当然是他憎恨的对象。我们的司法和警察保护制度使得这些日子里，街上的任何恶棍都不可能用"要钱还是要命"来攻击我们。应该结束压在上层阶级身上的负担——我是说，必须随时准备将生命和肢体暴露在任何一个认为自己粗鲁、无礼、愚蠢或恶毒的人的怜悯之下的负担。一个愚蠢、热情的男孩仅仅因为说了几句话就被打伤、打残甚至打死，这是非常残暴的。

国家内部这种专制权力的力量，以及这种迷信的力量，可以用这样一个事实来衡量：那些被侵略者的高低等级或其他任何使人处于不同地位的东西阻止了恢复他们骑士荣誉的人，往往在纯粹的绝望中自杀，从而达到悲喜剧的结局。一般来说，你可以通过发现一件事是虚假和荒谬的，如果它被带到它的逻辑结论，它的结果将是矛盾的；而在这里，我们也有一个非常明显荒谬的情形。军官被禁止参加决斗；但如果他被挑战却拒绝出战，他将会被开除公职。

　　既然说到这个问题，让我更坦率地说吧。人们经常坚持的一个重要区别是，在公平的战斗中以同等的武器杀死你的敌人，和为他设埋伏，这完全是一个事实的推论，即我所说的国家内部的权力，除了强权，即强者的权利，不承认其他权利，并呼吁上帝的判决作为整个法典的基础。因为在公平的战斗中杀死一个人，就是证明你在力量或技巧上优于他；为了证明这一行为的正当性，你必须假定强者的权利确实是一种权利。

　　但事实是，如果我的对手无法为自己辩护，这就使我有可能，但绝不是有权利杀死他。这种权利，这种道德上的正当性，必须完全取决于我取他性命的动机。即使假设我有足够的动机取走一个人的生命，我也没有理由让他的死亡取决于我是否比他更会射击或击剑。在这种情况下，我以何种方式杀死他，从前面还是从后面攻击他，都无关紧要。从道德的角度来看，强者的权利并不比技巧高超者的权利更有说服力；而如果你背信弃义地谋杀一个人，所使用的正是技巧。在这种情况下，力量和技巧是同样正确的；例如，在决斗中，力量和技巧都会发挥作用；因为佯攻只是背叛的另一种说法。如果我认为自己在道德上有理由夺走一个人的生命，那么我首先要试一试他是否比我更会射击或击剑；

因为如果他能做到，他不仅对不起我，而且还在交易中夺走了我的生命。

卢梭认为，为受辱者报仇的正确方式不是与侵犯者决斗，而是暗杀他，——然而，他对这一观点非常谨慎，只是在他的《爱弥儿》中的一本的一个神秘注解中勉强指出。这表明这位哲学家完全受到了中世纪骑士荣誉迷信的影响，以至于他认为谋杀一个指责你撒谎的人是正当的；而他肯定知道，每个人，特别是他自己，都活该被人无数次地撒谎。

这种偏见认为，只要是在公开的比赛中，用同样的武器杀死对手，就是有道理的，这显然把强权看作是真正的权利，把决斗看作是上帝的干预。一个意大利人在愤怒的情况下，无论在哪里发现侵略者，都会扑向他，不加任何仪式地将他击毙，无论如何，他的行为是一贯的、自然的：他可能比决斗者更聪明，但他不会更坏。如果你说，我有理由在决斗中杀死我的对手，因为他此刻正在尽力杀死我，我可以回答说，是你的挑战使他不得不为自己辩护；而且，战斗者相互以自卫为理由，是在为谋杀寻求一个合理的借口。我宁愿用法律上的格言"得到承诺的行为不违法"来证明这一行为的合理性，因为双方都同意把自己的生命放在这个问题上。

然而，这一论点可以通过证明受害方没有受到伤害来反驳；

因为正是这种暴虐的骑士荣誉原则及其荒谬的准则，强行将战斗人员中至少一人拖到血腥的裁判所前。

我在骑士荣誉的问题上说得比较长，但我有充分的理由这样做，因为这个世界上道德和智力方面罪恶的奥吉安马厩只有用哲学的工具才能清理干净。这对高贵组合中的第二个，其影响比起初看起来要久远得多，因为它不仅是一种身体上的疾病，也是一种道德上的疾病。从丘比特的箭筒里发现毒箭开始，一种疏远的、敌对的，不，魔鬼的因素就进入了男人和女人的关系中，就像他们交往的经纬线上恐惧和不信任的阴险的线，间接地动摇了人类友谊的基础，因此或多或少地影响了整个生存的主旨。但我现在的目的不是要进一步探讨这个问题。

与此相类似的影响，尽管在其他方面起作用，是由骑士的荣誉原则施加的，——那是古代世界所不知道的庄严的闹剧，它使现代社会变得僵硬、阴沉和胆怯，迫使我们对落下的每一个字保持最严格的警惕，这也不是全部。这个原则是一个普遍的弥诺陶洛斯；它所要求的每年进贡的贵族之子的好伙伴，不是像以前那样只来自一个国家，而是来自欧洲的每一块土地。现在是对这一愚蠢的制度进行定期攻击的时候了；而这正是我现在要做的。但愿现代世界的这两个怪物能在本世纪末之前消失！

让我们希望医学能够找到一些方法来防止这一种情况，并且通过清除我们的理想，哲学可以结束另一种情况：因为只有通过清除我们的思想，才能根除邪恶。各国政府曾试图通过立法来做到这一点，但都失败了。

不过，如果他们真的关心制止决斗制度，如果他们的努力所取得的微小成功真的只是因为他们无力对付这种罪恶，我不介意提出一项法律，我准备保证它的成功。它不涉及任何血腥的措施，而且可以付诸实施，既不需要借助于绞首架或绞刑架，也不需要终身监禁。这是一个小小的顺势疗法药丸，没有严重的后遗症。如果有人发出或接受挑战，让下士把他带到警卫室，在那里，在光天化日之下，用棍子打他十二下；军士或士兵打六下。如果真的发生了决斗，就应该进行通常的刑事诉讼。

一个有骑士观念的人也许会反对说，如果实施这样的惩罚，一个有荣誉感的人可能会射杀自己；对此，我应该回答说，像这样的傻瓜最好射杀自己而不是其他人。然而，我很清楚，政府并没有真正认真地去制止决斗。文职官员，尤其是军队中的军官，（除了那些最高职位的人），对他们所提供的服务来说，报酬是最不充分的；不足之处由荣誉来弥补，而荣誉是由头衔和命令来代表的，一般来说，由等级和区别的制度来代表。可以说，决斗对有地位的人来说是一匹非常有用的额外的马。所以他们在大学里接受了关于决斗的知识培训。使用决斗的人所发生的意外，可以用血来弥补报酬的不足。

为了完成讨论，让我在这里提到国家荣誉的主题。这是一个国家的荣誉，是国家总数中的一个单位。由于除了武力法庭，没有其他法庭可供上诉；由于每个国家都必须准备好捍卫自己的利益，一个国家的荣誉包括建立一种观点，即它不仅可以被信任（它的信用），而且还应该被害怕。绝不允许对攻击其权利的行为不闻不问。它是公民荣誉和骑士荣誉的结合。

名声的力量

迟钝的人喜欢迟钝的东西，

普通人喜欢寻常的事物，

观念混杂的人对混乱的思想有兴趣，

愚蠢的事物会引起根本没有脑子的人注意；

而最优秀的人，则喜爱他自己的作品，

因为他的作品完全体现了他自己的性格。

在世人的评价中，我们把名声列为一个重要因素，现在我们必须着手考虑这个问题。

名誉和荣誉是一对双胞胎，就像卡斯托尔和波鲁克斯，一个终有一死，另一个则不是。名望是短暂荣誉的不朽的兄弟。当然，我说的是最高级别的名声，也就是真正意义上的名声，因为，可以肯定的是，有很多种类的名声，其中一些只持续一天。荣誉仅仅涉及在类似情况下每个人都可能表现出来的品质；名声只涉及那些不能要求任何人的品质。荣誉是指每个人都有权归属于自己的品质；而名声则是指那些应该由他人归属的品质。当我们的荣誉延伸到人们对我们的了解时，名声就会提前出现，使我们在任何地方都能被人知道。每个人都可以要求获得荣誉；只有极少数人可以要求获得名声，因为只有凭借非凡的成就才能达到。

这些成就可能有两种，要么是行动，要么是工作。因此，为了成名，有两条路可以走。在行动的道路上，一颗伟大的心是主要的建议；在工作的道路上，则是一个伟大的脑袋。这两条道路各有其独特的优势和劣势；它们之间的主要区别是，行动是短暂的，而工作是持久的。行动的影响，无论多么高尚，都只能持续很短的时间；但天才的作品是一种活生生的影响，在整个时代都是有益和可敬的。行动所能留下的只是一种记忆，而这种记忆会随着时间的推移而变得脆弱和破损，对我们来说变成无所谓的事情，直到最后它被完全熄灭；事实上，除非历史把它带走，并把它化石般地呈现给后人。而作品本身是不朽的，一旦被写入文字，就可能永远存在。对于亚历山大大帝，我们只有名字和记录；但柏拉图和亚里士多德、荷马和贺拉斯还活着，而且今天还在直接工作，就像他们在世时一样。《吠陀经》和《奥义书》仍与我们同在，但所有同时代的行动却没有一点痕迹流传下来。[1]

---

[1] 因此，试图通过行动来向作品致敬是一种糟糕的恭维，尽管有时是一种时髦的恭维。因为作品在本质上是更高的东西。行动总是基于动机的东西，因此是零碎的和短暂的——事实上，是意志的一部分，而意志是构成世界的普遍和原始的因素。但是，一个伟大而美丽的作品具有永久的特性，因为它具有普遍的意义，而且是由智力产生的，它像香水一样，高于意志世界的缺点和愚蠢。

一个伟大行动的名声有一个好处，那就是它通常以巨大的爆炸开始；确实如此，以至于整个欧洲都能听到。而一个伟大作品的名声在开始时是缓慢和渐进的；它发出的声音起初是轻微的，但它继续增大，直到最后，也许在一百年后，它达到了它的全部力量；但那时它仍然存在，因为作品仍然存在，直到几千年。但在另一种情况下，当第一次爆炸结束后，它发出的声音越来越小，听到的人也越来越少；直到最后，它的行动在历史的长河中只剩下朦胧的存在。

行动的另一个缺点是，它们的出现取决于机会；因此，它们赢得的名声并不完全来自它们的内在价值，也来自恰好赋予它们重要性和光辉的环境。同样，行动的名声，如果像在战争中一样，是纯粹的个人行为，则取决于较少的证人的证词；而这些证人并不总是在场，即使在场也不总是公正或无偏见的观察者。然而，这一缺点被这样一个事实所抵消，即行动具有实用性的优势，因此，在一般人类的智慧范围内；因此，一旦事实被正确报告，正义就会立即得到伸张；除非，事实上，行动背后的动机一开始没有被正确理解或欣赏。任何行动都不能脱离促使它发生的动机而被真正理解。

作品的情况恰恰相反。它们的诞生并不取决于机会，而是完全取决于它们的作者；不管它们是谁，只要它们活着，它们就会一直存在。此外，正确评判它们是有困难的，它们的特性越高，这种困难就越大，往往没有人能够理解作品，也往往没有公正或诚实的批评家。然而，他们的名声并不只取决于一个法官；他们可以向另一个法官提出申诉。就行动而言，正如我所说的，只有他们的记忆才会流传于后世，而且只是以传统的形式流传下来；但作品本身能流传下来，而且除非部分作品已经丢失，否则会以它们最初出现的形式流传下来的。在这种情况下，没有任何破坏事实的余地；任何可能在其起源时对其产生偏见的情况都会随着时间的流逝而消失。不，往往只有在时间流逝之后，才会出现真正有能力评判它们的人——杰出的批评家对杰出的作品进行评判，并相继给出他们有分量的裁决。这些人共同形成了一个完全公正的评价；尽管有些情况下需要花费几百年的时间才能形成这种评价，但再长的时间也无法扭转这种裁决；—— 一部伟大作品的名声是如此稳固和不可避免的。

作者是否能活着看到他们成名的曙光，取决于环境的偶然性；他们的作品越高越重要，他们成名的可能性就越小。这是塞内卡的一句无与伦比的名言，即名声跟随着功绩，就像身体投下的阴影一样肯定；有时落在前面，有时落在后面。他接着说，尽管同时代人的嫉妒表现在普遍的沉默上，但还是会有一些人不怀好意地评判。从这句话可以看出，即使在塞内卡的时代，也有一些流氓懂得通过恶意忽视功绩的存在来压制功绩的艺术，以及向公众隐瞒好的作品以偏袒坏的作品的艺术。在我们的时代，这也是一种很好的艺术，无论是当时还是现在，都表现为一种嫉妒的沉默的阴谋。

一般来说，一个人的名声可能持续的时间越长，它的到来就越晚，因为所有优秀的产品都需要时间来发展。能延续到后世的名声就像橡树，生长非常缓慢；而那些只持续一段时间的名声就像植物，一年内就能长出来，然后死去；而虚假的名声就像真菌，一夜之间就能冒出来，但很快就会灭亡。

为什么呢？因为这个原因：一个人越是属于后世，换句话说，越是属于整个人类，他对同时代的人就越是陌生；因为他的作品不是为他们本身准备的，而只是为他们准备的，因为他们是整个人类的一部分；他的作品中没有那种熟悉的地方色彩，不会吸引他们；所以他所做的事情，因为陌生而不被认可。

人们更有可能欣赏那些为自己短暂时间内的环境服务的人，或者说是为当时的脾气服务的人——属于它，与它一起生活和死亡。

艺术和文学的一般历史表明，人类思想的最高成就通常一开始并不被看好；而是一直处于蒙昧状态，直到它们赢得高阶智慧的注意，在他们的影响下，它们被带入一个地位，然后凭借这样赋予它们的权威而保持下去。

如果要问其原因，就会发现，最终，一个人只有在与自己性质相同的情况下才能真正理解和欣赏那些东西。迟钝的人会喜欢迟钝的东西，普通人会喜欢普通的东西，思想混杂的人会被混乱的思想所吸引，愚蠢会吸引那些完全没有头脑的人，但最重要的是，一个人会喜欢自己的作品，因为它的性质与自己完全一致。这是一个古老的真理，就像神话记忆中的埃庇卡摩斯一样。

如果有人自命不凡，我们绝不会惊奇，

我们认为这完全是正常的，

对于狗来说，世上最好的东西莫过于一只狗，

对于牛来说，最好的东西是牛，

对于驴来说，对于猪来说，莫不如此。

最强壮的手臂也无法推动一个轻量级的东西，因为它不但没有加速前进并有效地击中目标，反而很快就倒在地上，因为它已经耗尽了给予它的一点能量，而且没有自己的质量来作为动力的载体。伟大而高尚的思想也是如此，不，天才的杰作也是如此，如果没有人欣赏它们，只有渺小、软弱和不正当的思想，——这是所有时代的智者都在痛惜的事实。例如，西拉赫之子耶稣宣称，他对愚人讲故事，就是对沉睡中的人讲：当他讲完故事后，他会说，这是什么事？哈姆雷特说：愚人的耳朵里睡着的是狡猾的语言。歌德也是这样认为的，他说：愚蠢者的耳朵嘲笑最聪明人的语言。我们不会因为人们愚昧而泄气，因为将石头抛进沼泽里是不会发出回响的。

利希滕贝格问道，当一个人的头和一本书发生碰撞时，其中一个听起来很空洞，这总是书的问题吗？而在另一个地方，像这样的作品就像一面镜子；如果一只驴子看进去，你就不能指

望一个使徒看出来。我们应该好好记住老盖勒特那美好而感人的感叹，即最好的礼物找到的崇拜者最少，大多数人把坏的当成好的，——这是一种没有任何东西可以防止的日常弊端，就像一场没有任何药方可以治愈的瘟疫。只有一件事可以做，尽管是多么困难！——愚蠢的人必须变成聪明的人，而这一点他们永远也做不到。他们永远不知道生命的价值；他们用外在的眼睛看，但从不用心灵看，赞美微不足道的东西，因为美好的东西对他们来说是陌生的。

正如歌德所说，智力上的无能使人无法认识和欣赏存在的美好事物，除此之外，还必须加上一种在任何地方都能发挥作用的东西，即人类道德上的卑劣，在这里采取嫉妒的形式。一个人赢得的新名声使他重新超越了他的同伴，而他的同伴也因此受到了相应的贬低。所有显赫的功绩都是以那些没有功绩的人为代价获得的；或者，正如歌德在《西东诗集》中所说的那样，赞美一个人就是贬低另一个人。

那么，我们就会看到，无论卓越采取何种形式，平庸，即迄今为止最大多数人的共同命运，是如何联合起来，共谋抵制，并在可能时压制它。这个联盟的口号是"基本功"。更有甚者，那些自己已经做了一些事情，并享有一定名声的人，并不关心一个新名声的出现，因为它的成功很可能会使他们的名声蒙上阴影。

因此，歌德宣称，如果我们的生活必须依靠他人的恩惠，我们根本就不应该活着；由于他们希望自己显得很重要，人们很乐意忽视我们的存在。

> 如果我有一点点迟疑，
>
> 除非他们毁了我的生活，
>
> 我怎么知道，
>
> 你如何能明白。
>
> 当你看到他们如何给予时，
>
> 我想说不。

相反，荣誉通常会得到公平的评价，而且不会受到嫉妒的冲击；不，每个人都被认为拥有它，直到相反的情况被证明。但是，名声必须在嫉妒中赢得，而授予桂冠的法庭从一开始就由对申请人有偏见的法官组成。荣誉是我们能够并准备与每个人分享的东西；而名声则受到侵占，并且随着越来越多人来到这里而变得更加难以企及。此外，任何特定作品赢得名声的难度与可能阅读它的人的数量成反比；因此，作为一部有学问作品的作者，比作为一个只想娱乐的作家，成名要难得多。就哲学作品而言，这是最难的，因为它们所要达到的结果相当模糊，同时，从物质的角度来看也是无用的；它们主要是吸引那些自己正在从事同样工作的读者。

那么，从我所说的赢得名声的困难中可以看出，那些不是出于对其主题的热爱，也不是出于对其追求的乐趣，而是在野心刺激下工作的人，很少或从来没有给人类留下不朽作品的遗产。寻求做善事和真事的人，必须避免做坏事，并准备好蔑视暴民的意见，不，甚至蔑视他和他的误导者。因此，有一句话（奥罗修斯特别坚持）是真实的，即名声避开那些寻求它的人，而寻找那些避开它的人；因为前者适应他们同时代人的口味，而后者则无视它而工作。

但是，尽管获得名声很困难，但一旦获得名声，就很容易保持。在这里，名声又是与荣誉直接对立的，每个人都应该被认可。荣誉不需要赢得，只是不能失去。但困难就在这里！因为只要有一个不值得的行为，就会有一个不值得的结果。因为只要有一个不值得的行为，它就会无可挽回地消失。但是，在这个词的正确意义上，名声永远不会消失；因为获得名声的行动或工作永远不会被撤销；名声附着在它的作者身上，即使他没有做任何事情来重新配得上它。消失的名声，或者说被淘汰的名声，证明自己是虚假的，换句话说，是不应该的，是由于一时高估了一个人的工作；更不用说黑格尔享有的那种名声，利希滕贝格把它描述为由一群仰慕他的本科生吹出来的——空荡荡的脑袋发出的回声。这种名声将使后人在看到一个怪异的文字建筑时微笑，这是一个鸟儿早已飞走的精美的巢穴；它将敲开这个腐朽的传统结构的门，发现它完全是空的！甚至没有一丝思想的痕迹来邀请过路人。

事实是，名声除了意味着一个人与其他人相比是什么之外，没有任何意义。它在本质上是相对的，因此只有间接的价值；因为它在其他人成为名人的那一刻就消失了。绝对的价值只能是指一个人在任何和所有情况下所拥有的东西，也就是一个人直接和自身的东西。拥有一颗伟大的心或一个伟大的脑袋，而不仅仅是它的名声，才是值得拥有的，才是有利于幸福的。一个人应该推崇的不是名声，而是配得上名声的东西。这就是真正的根本，而名声只是一个意外，对其主体的影响主要是作为一种外部表征，用来证实他对自己的看法。光线除非遇到某种东西反射它，否则是不可见的；而人才只有在其名声传到国外时才会对自己有把握。但是，名声并不是功绩的一个确定的标志；因为你可以有一个而没有另一个；或者，正如莱辛所说的那样，有些人获得了名声，而有些人配得上名声。

如果把自己的价值与否取决于别人的看法，那将是一种可悲的存在；但如果一个英雄或天才的价值在于名声，也就是在于世界的掌声，那就是这样的生活。每个人都是以自己的名义生活和存在的，因此，主要是在他自己身上，也是为了他自己。他是什么，他的整个存在方式，比任何人都更关心他自己；因此，如果他在这方面没有什么价值，他就不可能有什么价值。其他人对他的存在所形成的想法是次要的、派生的、暴露在所有命运机会之下的东西，最终对他的影响只是非常间接的。此外，其他人的头脑是一个可悲的地方，它是一个人幸福的家——也许是幻想的幸福，但不是真正的幸福。

栖息在"世界名声之殿"里的人是多么的混杂啊！将军、部长、骗子、杂耍者、舞者、歌手、百万富翁和犹太人！在这个殿堂里，人们对这些人的几个优点给予了更多真诚的认可，更多真正的尊敬。在这座庙宇里，人们对这些人的几项优点给予了更真诚的认可和更真切的敬意，而不是对思想的优越性，甚至是高阶的思想，因为大多数人只得到口头上的承认。

从人类幸福的角度来看，名声对于以骄傲和虚荣为食的胃口来说，无疑是非常稀有和精致的食物——这种胃口，无论如何小心翼翼地掩饰，仍在每个人身上都存在，而且，在那些不惜一切代价要成名的人身上，也许是最强烈的。这种人一般要在不确定自己价值的情况下等待一段时间，然后才有机会证明自己的价值，让别人看到自己的实力。但在那之前，他们会觉得自己好像在遭受秘密的不公正待遇。[1]

但是，正如我在本章开头所解释的那样，别人的意见被赋予了不合理的价值，而且与它的实际价值很不相称。霍布斯对这个问题有一些强烈的评论；毫无疑问，他是非常正确的。他写道，精神上的愉悦和任何形式的狂喜，都是在我们将自己与他人进行比较后，得出我们可以对自己有良好评价的结论时产生的。因此，我们很容易理解人们对名声的重视，只要有一丝希望获得名声，就值得做出任何牺牲。

> 名誉是纯洁的心灵所激起的
> 鞭策（有高尚心灵的弱点），
> 以讥诮为乐，以劳苦度日。

他还说：

> 爬上去有多难，

---

[1] 我们最大的乐趣在于被人钦佩；但那些钦佩我们的人，即使他们有充分的理由这样做，也很难表达他们的情感。因此，无论如何，只要别人不打扰他，他就是最幸福的人，因为他能够真诚地欣赏自己。

名望的殿堂在高处照耀着远方!

因此,我们就可以理解,为什么世界上最虚荣的人总是在谈论荣誉,对它作为伟大行动和伟大作品的刺激有着最明确的信念。但毫无疑问,名声在其性质上是次要的,仅仅是功绩的回声或反映——就像它的影子或症状一样,而且,无论如何,激起钦佩的东西一定比钦佩本身更有价值。事实是,一个人的幸福不是靠名声,而是靠给他带来名声的东西,靠他的功绩,或者更正确地说,靠他功绩所产生的性情和能力,无论是道德的还是智力的。一个人本性中最好的一面对他来说必然比其他人更重要:对它的反映,存在于其他人头脑中的意见,对他的影响只是在一个非常次要的程度上。应该得到名声而没有得到名声的人拥有更重要的幸福因素,这应该是对他失去其他因素的安慰。不是因为一个人被一大群无能的、往往是痴迷的人认为是伟大的,而是因为他确实是伟大的,这应该使我们羡慕他的地位。他的幸福不在于后人会听到他的名字,而在于他是值得珍藏和研究几百年的思想的创造者。

此外,如果一个人做到了这一点,他所拥有的东西是无法从他身上夺走的;而且,与名声不同,这是一种完全取决于他自己的财产。如果钦佩是他的主要目的,那么他身上就没有什么可钦佩的。这正是假名声，也就是不正当的名声所发生的情况；因为它的接受者依靠它而生活，但实际上并不拥有坚实的基础，而名声是其外在和可见的标志。虚假的名声往往会使它的拥有者对自己失去自负；因为时间可能会到来，尽管自爱产生了幻觉，但他会在他本不应该攀登的高处感到眩晕，或者把自己看成是虚假的硬币；在威胁的发现和有理由堕落的痛苦中，他将在聪明人的额头上读到后人的判决，就像一个财产来源于伪造遗嘱的人。

最真实的名声，即死后的名声，接受者从未听说过；但他却被称为一个幸福的人。

他的幸福既在于拥有那些为他赢得声誉的伟大品质，也在于赋予他发展这些品质的机会——他有随心所欲的闲暇，把自己献给他喜爱的事业。只有发自内心的工作才能获得桂冠。

灵魂的伟大，或智力的丰富，是使一个人幸福的原因——智力，当印在其作品上时，将得到未来几个世纪的钦佩，——这些思想在当时使他感到幸福，并将反过来成为最遥远的后世最崇高的思想研究和乐趣来源。死后名声的价值在于配得上它；这是它自己的回报。命中注定要成名的作品是否在作者生前就能成名，是一件偶然的事情，并不十分重要。因为普通人没有自己的批判能力，也绝对无法体会到一部伟大作品的难度。人们总是被权威所左右；在名气很大的地方，这意味着一百个人中有九十九个人仅凭信仰就能接受它。如果一个人在他自己的一生中名声远扬，如果他是明智的，他就不会把它看得太重，因为这不过是一些声音的回声，而这些声音是因为机会对他有利。

如果一个音乐家知道观众几乎都是聋子，而且为了掩盖他们的缺陷，他们一看到一两个人鼓掌，自己就开始大力鼓掌，他会不会对观众的热烈掌声感到受宠若惊？如果他知道那一两个人经常收受贿赂，并因此为最差的选手争取最热烈的掌声，他会怎么说呢？！

不难看出，为什么当代人的赞美很少发展为身后的名声。达朗贝尔对文学名声的殿堂作了极为精彩的描述，他说，殿堂的圣地是供伟大的死者居住的，他们生前在那里没有地位，而极少数活着的人，在他们死后几乎都被驱逐出去。让我顺便说一句，在一个人生前为他立碑，就等于宣布后人对他的判断是不可信的。如果一个人碰巧看到了自己的真正名声，那很少是在他年老之前，尽管艺术家和音乐家是这个规则的例外，但很少有哲学家这样。这一点可以从因其作品而闻名的人的肖像中得到证实；因为大多数肖像都是在其对象获得名声后才绘画的，一般都是把他们描绘成老态龙钟的样子；如果哲学是他们一生的工作，那就更是如此。从优柔寡断的角度来看，这是一个非常恰当的安排。因为对一个凡人来说，名声和青春在同一时间呈现是太过了。生命是如此的贫乏，必须对它的美好事物进行最严格的节约。年轻人本身就够用了，必须满足于他所拥有的。但是，当生活的乐趣和喜乐在年老时像秋天的树叶一样落下时，名声就会适时地发芽，就像冬天里的绿色植物。名誉是必须在整个夏天生长的果实，然后才能在圣诞节享用。在年老时最大的安慰莫过于将自己的全部青春力量投入仍然年轻的作品中的感觉。

最后，让我们更仔细地研究一下各种智力追求所附带的名声种类；因为我的意见将更直接地涉及这种名声。

我认为可以笼统地说，它所表示的智力优势在于形成理论，也就是某些事实的新组合。这些事实可能是非常不同的种类；但在日常经验范围内，它们越是被了解，通过对它们进行理论研究而赢得的名声就越大越广。

例如，如果有关的事实是数字或线条，或科学的特殊分支，如物理学、动物学、植物学、解剖学，或古代作家的腐败段落，或是用某种未知的字母书写的无法破译的碑文，或历史上晦涩难懂的点；通过正确处理这些事实可能获得的名声不会超出那些研究它们的人——少数人，他们大多过着退休生活，羡慕别人在其特殊知识分支上成名。

但是，如果事实是大家都知道的，例如，人的思想或人心的基本特征，这是所有人都知道的；或者是在我们眼前不断运作的伟大的物理机构，或者是自然规律的一般过程；通过传播关于它们的新的和明显真实的理论的光芒而赢得的那种名声，在时间上几乎会扩展到整个文明世界：因为如果事实是大家都能掌握的，理论也将是普遍理解的。但是，名声的大小将取决于所克服的困难；事实越是广为人知，就越难形成一种既新又真的理论：因为许多人的头脑已经被它们占据，几乎没有可能说出以前没有说过的东西。

另一方面，不是每个人都能接触到的事实，而且只有在经过许多困难和努力之后才能得到，几乎总是允许新的组合和理论；因此，如果对这些事实有正确的理解和判断——这些资格并不涉及很高的智力，一个人可能很幸运地发现一些关于它们的新理论，而且也是真实的。但在这样的道路上赢得的名声不会超出那些拥有相关事实知识的人的范围。要解决这类问题，无疑需要大量的研究和劳动，如果只是为了了解事实的话；而在要赢得最大和最广泛的名声的道路上，可能根本不需要任何劳动就能掌握这些事实。但是，如果需要的劳动较少，就需要更多的天赋或天才；在这种品质和研究的苦差事之间，无论是就其内在价值，还是就对它们的评价而言，都不可能进行比较。

因此，那些觉得自己拥有坚实的智力和正确的判断力，但却不能声称拥有最高精神力量的人，不应该害怕艰苦的学习；因为在学习的帮助下，他们可以使自己超越人类中那些经常看到事实的大群人，并达到那些有学问的劳作所能达到的隐蔽地点。

因为在这个领域里，竞争对手少得可怜，一个能力一般的人可能很快就会找到机会宣扬一种既新又真的理论；不，他的发现的优点将部分地取决于获得事实的难度。但是，来自同好的掌声，也就是唯一了解这个主题的人的掌声，在遥远的人群中听起来非常微弱。如果我们对这种名声追得够远的话，我们最终会达到这样一个地步：很难得到的事实本身就足以奠定名声的基础，而不需要形成一种理论；例如，在遥远而鲜为人知国家的旅行，使一个人因其所见而非其所思而闻名。这种名声的最大好处是，讲述一个人的所见所闻比传授一个人的思想要容易得多，而且人们很容易理解描述而不是思想，读一个人比读另一个人更容易，因为，正如阿斯默斯所说：

当一个人远航时，

他有一个故事要讲。

然而，尽管如此，与知名旅行者的个人相识常常让我们想起贺拉斯的一句话——新场景并不总是意味着新想法：

那些渡海而走的人，

只换天候而不改本性。

　　但是，如果一个人发现自己拥有强大的心理能力，只有这样才能冒险解决所有问题中最难的问题——那些涉及整个自然界和人类最广泛的问题，他就会很好地将自己的视野平等地扩展到所有方向，而不会在各种错综复杂的小路中走得太远，或侵入鲜为人知的地区；换句话说，不占用自己的特殊知识分支，更不用说其琐碎细节。他没有必要为了躲避竞争对手而去寻找难以进入的课题；生活中常见的事物会给他提供严肃而真实的新理论的材料；他所提供的服务会得到所有知道他所处理事实的人的赞赏——他们构成了人类的一大部分。物理学、化学、解剖学、矿物学、动物学、语言学、历史学的学生与处理人类生活中的重大事实的人、诗人和哲学家之间存在着多么大的区别啊！